JN102401

芸術家たち

［ミッドセンチュリーの偉人 編］

河内タカ

INTRODUCTION

　『芸術家たち 1』を出版した後、「1というからには次があるのですよね?」と多くの方々に聞かれました。「おそらく……」と答えてはいましたが、正直なところ何を書いていいか特に考えてはいませんでした。『芸術家たち』というタイトルを付けたということもあり、画家とか彫刻家たちに関して書くべきかなぁとも思い巡らしていましたが、自分が普段から好きなものについて書くのが結局いいのではないかと思い立ち、「だったら、アメリカのミッドセンチュリーのことを書くのはどうだろう」とあれこれ考えながら、どうにか自分が納得いくものが書けたのではないかと思います。

　この本ではアメリカのミッドセンチュリー、つまり20世紀中盤の頃の、建築とデザインにまつわる話とそれを生み出した人物たちに焦点を当てています。最も重要とも言えるチャールズ＆レイ・イームズやジョージ・ネルソンやイサム・ノグチがこの本に登場しないのは、単純に前書で彼らのことは書いてしまったからです。しかしイームズたちを外したことによって、結果的にミッドセンチュリーのことをより掘り下げることができたのではないかと思っています。

　ぼくがこの本で書きたかったこと、それは端的に言えば「ミッドセンチュリーという時代」であり、その当時に作られた建築や家具やプロダクト、そして絵画や音楽を通して浮かび上がってくる世界観のようなものです。第二次世界大戦中に開発された新しい素材を使った大量生産のための技術は、ミッドセンチュリーデザインにとって重要な要素となりましたが、それに加え、戦争によって世界中が疲弊しきっていたのに対し、そのムーブメントが起こったアメリカの西海岸、特にロサンゼルスとその周辺はダメージを負うことなく世界の産業の中心になっていたのです。

終戦後、アメリカの兵士たちが大挙して海外から帰還してくるや、アメリカ国内や欧州から大勢の人々が仕事を求めて押し寄せたロサンゼルスの人口は爆発的に増加していき、それに伴い大量の住宅や生活用品が急速に必要となっていきます。さらに人々の生活の水準が上がるにつれ、大量生産品を前提としながらもアメリカらしい "デザイン性" と "機能性" を持ったものが続々と生み出されていったのですが、それらは成型合板やファイバーグラスなどを使ったシンプルかつ合理的、そして軽やかなデザインが特徴でした。

　戦後から1960年代にかけて、アメリカにおいて最先端のモダンファニチャーを牽引したのがミシガンに本社を置くハーマンミラー社と、ペンシルベニアを拠点としていたノール社でした。ハーマンミラー社ではチャールズ＆レイ・イームズ、ジョージ・ネルソン、イサム・ノグチ、一方のノール社ではエーロ・サーリネン、ハリー・ベルトイア、ジョージ・ナカシマらが専属のデザイナーとして貢献し、当時の最先端の技術と素材を使った美しく機能性の高い家具が製品化されていきました。

　同時期、建築においても「ケース・スタディ・ハウス」という実験的なプログラムを通して、効率的に開発された新しい住宅の姿を示す試みが行われました。スチールやガラスなどを主な素材とした、郊外の敷地や労働者の居住地区をターゲットにして様々な形状の戸建が設計デザインされていったのですが、そのプログラムの8番目に建設されたのが《イームズ・ハウス》でした。この家を設計したイームズ夫妻は、低い家具を使った暮らしを愛好し、屋外と室内、娯楽と仕事、人が集う場所とパーソナルな空間など、カリフォルニア的な新しいライフスタイルをこの家を通じて明快に提示しました。やがて、そのような生活様式は中産階級の家族にとって標準的なものとなっていき、自然光に満たされた穏やかでゆったりとした室内が雑誌やテレビや映画などを通して世界中に発信されていったのです。

ぼくは10代の終わりからサンフランシスコの大学に留学し、そこで5年間を過ごしていたのですが、当時の自分にとってアメリカというのはカリフォルニアであり、音楽にしろ、着るものにしろ、西海岸のカジュアルで豊かなライフスタイルは憧れ以外の何ものでもありませんでした。ただ、実際に住み始めてみると自分がかつて思い描いていた世界と現実は異なると心のどこかで思っていたのも事実です。その後ニューヨークに移り住み、やがて長かったアメリカ生活を終え、今は東京に住んでいるわけですが、いつの間にか"カリフォルニア的"な家具やプロダクトが自分の暮らしになくてはならないものになり、今ではすっかりそれらに囲まれた生活をしているという状況です。それゆえ、なぜ自分がミッドセンチュリーのことにこれほど虜になってしまったかを検証したいと思い、この本を書こうと思い立ったと言ってもいいかもしれません。

　1940年代から1960年代に生まれた鮮やかな色使いが魅力のミッドセンチュリー時代の家具やプロダクトや建物は、柔軟な発想とイノベーションによって生み出されました。プラスチックや成形合板や鉄などの工業素材を取り入れ、高度な工学的な技術によって生み出されたポップで軽やかな構造は、自由でモダンな雰囲気を創り出したのです。そこには並々ならぬ探究心とチャレンジ精神を持った「芸術家たち」がいたわけで、本書では建築家やデザイナーとともに画家や写真家のことも取り上げることで、彼らの人物像と時代背景をできるだけ明確に浮かび上がらせることを意識しながら書き進めました。そして、前書に続き今回もSANDER STUDIOによるイラストが本書にとって、大きな役割を果たしてくれているのは言うまでもありません。

河内 タカ

CONTENTS

CHAPTER ONE 家具・プロダクトデザイン編
—— 技術革新がもたらした黄金期の幕開け

CHAPTER TWO 建築編
—— 誰もが憧れた住まいとライフスタイル

CHAPTER THREE アート・グラフィックデザイン編
—— ヴィジュアルが作り上げた豊かな世界

Chapter ONE

家具・プロダクトデザイン編

技術革新がもたらした黄金期の幕開け

1945年、第二次世界大戦が終結。戦勝国となったアメリカでは、軍需産業によって生み出されたプライウッドやFRPといった新技術の平和的な転用が進み、今もなお愛される傑作家具やプロダクトが次々と生まれました。本章では、その中心的役割を果たしたハーマンミラー社から解説をスタート。アメリカ黄金期の幕開けを繙いていきます。

Herman Miller

ハーマンミラー社

ミッドセンチュリーモダンを牽引した家具メーカー

イームズの家具の製造・販売で知られるハーマンミラーの本社は、創業時から現在までミシガン州ジーランドという街にあります。五大湖に面したこの辺りはもともと家具メーカーが集まるエリアとして知られていたのですが、ハーマンミラー社はもともと、「ミシガン・スター・ファニチャー・カンパニー」としてスタートし、のちに「ハーマンミラー・ファニチャー・カンパニー」と名前が変わった時の初代社長だったのがD.J.デプリーであり、過半数の株を購入してくれた義父の名前からその社名がつけられました。

　当初は伝統的なベッドルームやダイニングルームの家具を製造していましたが、時代に合うような家具への方向転換を必要とされていました。そうした状況の中、外部から招聘した著名な家具デザイナーであるギルバート・ローディが指導する形で、バウハウスの流れを汲んだヨーロッパ・テイストのオフィス家具に力を入れていくようになります。デプリーも必ずやアメリカでもこの流れが主流になるという強い予感を抱いていたものの、当時のアメリカにはそういった市場もモダンな家具を作る会社もまだ存在していなかったのです。

　やがて第二次世界大戦が勃発すると、ハーマンミラー社は経営難から破産の危機に直面し、頼みの綱だったローディも1944年に亡くなってしまいました。しかしながら、デプリーの頭にはこの難局を救ってくれるかもしれない一人の人物の名が浮かんでいました。それがジョージ・ネルソン*1 でした。デトロイトのホテルにネルソンを食事に招いたデプリーは、すがる思いで「ぜひ、うちの

1. ジョージ・ネルソン
※『芸術家たち1』に登場

会社に来てもらえないだろうか」と説得するも、ネルソン
は「自分には業界での実践的なもの作りの知識もない
し、ほかにやりたいことがある」と言ってこの時点ではこ
のオファーを素っ気なく断ってしまいます。

　そもそもデプリーがネルソンに委ねたかった理由は、
ネルソンが『明日の住宅』*2 という本を出版したことで
広く注目されていたからです。ヘンリー・ライトとともに出
版したこの著書の中で、ネルソンは第二次世界大戦後
のアメリカ人の新しいライフスタイルのあり方を提案した
のです。デプリーは、ネルソンが『LIFE』誌に掲載され
た、壁自体を収納に用いるという《ストレージ・ウォー
ル》*3 という画期的なコンセプトに魅了され、我が社を
救えるのはネルソンしかいないという強い思いがデプリー
の中であったため、いったんは断れられはしたものの、そ
の後も説得を続けました。

　そして、やっとのことで1945年の夏に合意書を交わ
すこととなり、ネルソンはデザイン・ディレクターの役職を
受け入れ、ジョージ・ネルソン・アンド・アソシエイツを設
立します。そして、イームズ*4 が主導していた戦時中に開
発の目覚しかった成型合板やファイバーグラスやスチー
ルを取り入れた家具や、照明やファブリックやアクセサリ
ーの生産も視野に入れることをこの時に提案したのです。

　その翌年にデプリーはネルソンに誘われ、ニューヨー
ク近代美術館（MoMA）で開催された「チャールズ・イ
ームズの新しい家具デザイン展」を見る機会を得て、そ

2. 明日の住宅

『Tomorrow's House』という
タイトルで、初版は1945年に出
版された。

3. ストレージ・ウォール

システム家具の先駆けとも言え
るネルソンによるコンセプトで、
家の壁にストレージを埋め込む
という画期的なアイデアは当時
のファニチャー産業に旋風を巻
き起こすことになった。
『LIFE』(Time Inc.)

4. チャールズ＆レイ・イームズ
※『芸術家たち1』に登場

5. イームズプライウッドチェア
成形合板を利用したこの椅子は
イームズ夫妻による初めてハー
マンミラー社にて製品化した家
具だった。

6. イームズシェルチェア
1950年当時のオリジナルのファ
イバーグラスの製造が環境に悪
影響を与えるとし、今は新しく開
発されたファイバーグラスが使わ
れている。

7. アレキサンダー・ジラード
※『芸術家たち1』に登場

の展示に深く感銘した二人は、チャールズをコンサルタ
ントとして招き入れるべく、当時のイームズの家具を生産
していたエヴァンス・プロダクツ社から販売権を買い取り、
翌年にはすべての彼らの家具の製造権をハーマンミラ
ー社に移しました。

　その時、ネルソンはデプリーに対して「イームズがデザ
インするものは何でもつくるべきだ、私の承認もいらない
し企画書など見せる必要などない」と語ったと言います。
そしてチャールズ・イームズをハーマンミラー社に呼び入
れたことが功を奏し、会社は大きく飛躍。その結果、成
型合板の技術の結晶とも言える《イームズプライウッド
チェア》*5 やファイバーグラス製の《イームズシェルチェ
ア》*6 が生まれ、20世紀プロダクトデザインのアイコンと
なったのです。

　イームズとともにハーマンミラー社のもう一人のキーパ
ソンとなったのが、アレキサンダー・ジラード*7 でした。
1949年にジラードが企画し、デトロイト美術館で開催
された「モダンリビングのための展覧会」の展示室の一
つをネルソンやイームズにデザインしてもらったことがき
っかけとなり、1952年から1973年までジラードはハー
マンミラー社のテキスタイル部門を率いながら、ファブリ
ックや壁紙など数百以上手がけたばかりか、自らの家
具やプロダクトのデザインも手がけていきます。

　ネルソンはさらにハーマンミラー社のプロダクトを主な
ターゲット層であった建築家や専門家たちに宣伝する

目的で、建築やインテリアの高級誌に広告を出すことを
デプリーに強く提案します。これらの広告にはハーマンミ
ラー社の商品とともに、特徴のある赤色のＭ字のロゴ
*8 が必ず使われ、上質紙に印刷した高品質のカタログ
が作り続けられました。それこそが彼らが生み出したマ
ーケティング戦略でした。カタログに実際に商品を置い
た室内風景の写真や寸法を記載するなど、こうした打
ち出し方を始めたのも実はハーマンミラー社が家具業
界では先駆けだったのです。

　イームズやネルソンの家具を例に挙げるまでもなく、ハ
ーマンミラー社のプロダクトはシンプルで実用的であるだ
けでなく、素材の使い方や特徴的なフォルムを注意深く
見ると、彼らのものづくりに対する豊かな感性やこだわり
などを感じることができます。単に質のいい家具を作る
だけでなく、製品カタログやポスター、販促用のディスプ
レーツールなどのグラフィックデザインのすべてを外注で
なく自らの手で行っていたことは、今考えてもとても革
新的なやり方だったと認めざるを得ません。

　おそらくジョージ・ネルソンがハーマンミラー社でやり
たかったこととは、新しい暮らし方の変化や問題点を
家具でどのように対応するかを考えながら、それを形に
しようとしていたのだと思います。新素材や革新的な技
術を使い、その高品質で美しく機能的な家具やプロダ
クトが、長い年月が経っても風化することなく、今もほぼ
形を変えずに生産され続けているのも、その土台やコン
セプトがしっかりしていたという証しです。

8. M字のロゴ
ジョージ・ネルソン・オフィスのア
ーヴィング・ハーパーがデザイン。

ネルソンはよく「ハーマンミラー社のプロダクトの主要な部分はデザインであるということ、そして、いいデザインには確かなマーケットがある」と語っていたそうですが、まさにそれがハーマンミラー社のプロダクトやマーケティングを通じて彼が主張し続けたことだったのです。ぼく自身、デザインや家具に関して興味を持つきっかけをつくってくれたのが、他でもないイームズやネルソンの家具やジラードのファブリックといったハーマンミラー社のプロダクトでした。そして、それを生んだ"ミッドセンチュリーの時代"というものをここからもっと知ってみたいと思うようになったというわけです。

ハーマンミラー社　　　　　　　　　　　　{ 1905- USA }

ミシガン州ジーランドに創業。1919年にD.J. デプリーが社長となり1923年に「ハーマンミラー・ファニチャー・カンパニー」として新たにスタートした。40年代にジョージ・ネルソンをディレクターとして、翌年にはイームズ夫妻もデザイナーとして招き入れる。1952年にはアレキサンダー・ジラードがテキスタイル部門のディレクターに就任したことで同社の強力な基盤ができあがる。戦後から現在までアメリカのモダニズム家具の中で最も影響力の強いメーカーとして知られている。

Irving Harper

アーヴィング・ハーパー

ジョージ・ネルソンを支えた有能なデザイナー

1. ボールクロック
1950年代にハワードミラー社から発売された、針の先にカラフルなボールが配置された壁掛け時計。

2. ネルソンマシュマロソファ
同サイズの丸いクッションを使ったポップなデザインのソファ。

3. ジョージ・ネルソン・アンド・アソシエイツ
ニューヨークを拠点にしていたデザイン事務所でハーパーのほか、チャールズ・ポロックやマイケル・グレイヴィスなども働いていた。

アーヴィング・ハーパーは1947年から1963年までの間、ジョージ・ネルソンのオフィスにおいてデザイン・ディレクターを務めながら、《ボールクロック》*1 や《ネルソンマシュマロソファ》*2 など20世紀のアイコンとなるプロダクトの数々を生み出したことで知られています。しかしながら、ハーパーの上司であったネルソンの名前がプロダクトに付けられたため、彼の功績は表舞台ではあまり語られることはありませんでした。

1940年代初期にジョージ・ネルソンと出会ったハーパーは、1947年からネルソンのオフィスでインテリアデザイナーとして働き始めます。その後、正式にジョージ・ネルソン・アンド・アソシエイツ*3 に入社するや、当初からハーマンミラー社の広告デザインを担当することとなり、1946年にはあの有名な "M" をモチーフにした同社のロゴもデザインしています。しかし、実は当時のハーパーはまだグラフィックデザインの経験がほとんどない素人だったのです。

初期のロゴのモチーフが木目だったのは、ハーマンミラー社の家具に木材がよく使われていたためでした。やがて、そのロゴは広告展開をしていくにつれ、少しずつ改良されていき、現在の洗練された形へと姿を変えていきます。実はもともと会社のロゴを制作するのは彼の仕事ではなかったらしく、対価もまったく払われなかったため、ハーパー自身は当時を振り返って「おそらく広告史上最も安上がりのロゴキャンペーンだったはずだ」と皮肉っぽく語っています。

Irving Harper

ハーパーがデザインした有名な家具に《ネルソンマシュマロソファ》があります。1956年から1965年にかけて生産され、その名の通りマシュマロのような円形ディスクが、金属フレームに格子状に設置された未来的なデザインで、ミッドセンチュリーを代表するソファとなりました。

　しかし、残念ながら、ハーパー自身がデザインした《ボールクロック》や《マシュマロソファ》といったプロダクトは、ネルソンの下で17年間も働いていたにもかかわらず、すべてが前述したようにネルソンの名義でリリースされました。ネルソンは自らのオフィスに勤務するデザイナーたちが業界で注目されることに関して歓迎していたそうですが、消費者に対してのブランドの信用は常に会社が負うところが大きいと判断し、あえて自らデザインしたかのようにリリースしていったのです。ハーパーはどういった気持ちでこれらのプロダクトを見ていたのでしょうね。

　ハーパーは《ボールクロック》のデザインに関して、最初から彫刻のようなフォルムの時計を考えていたそうですが、このプロダクトが誕生した逸話としてこんなエピソードが残っています。ある夜、イサム・ノグチ*4、バックミンスター・フラー*5、そしてハーパーがドラフト用紙を前に、ネルソンの事務所で酒席を持ったところ、全員がかなり陽気に酔ってしまい、その翌朝、ネルソンが何気にその用紙に目をやるとすでにボールクロックのスケッチが描かれていたというのです。その時のことを彼は「誰が残したのかわからないのだが、自信を持って言えるのはそれが私ではなかったということだ」と回想しています。

4. イサム・ノグチ
※『芸術家たち1』に登場

5. バックミンスター・フラー
「シナージェティックス」「宇宙船地球号」など、さまざまな重要な概念を生み出した先見的な建築家、技術者、哲学者。

クロック・シリーズには、《ひまわり》《サンバースト》などを含む約130以上もの異なるバリエーションがあります。これらが面白いのは、時を刻むための針はあるものの、数字がなく正確な時間を確認することが難しいのです。このことに関してネルソンたちは、「人は感覚的に針の位置で時間を察することができるはずだ」と確信。数字のないまま製造され、それから年に約8種類の時計が生まれていきました。ネルソンに代わってハーパーがデザインしたその数々のプロダクトは、まるで抽象アートのオブジェのような美しさがあり、その遊び心のある未来的なデザインは今も多くの人々に愛され続けています。そして、それは1950年代のアメリカの楽観的な気分と成長し続けていた経済的繁栄をうまく表現しているようにも思えるのです。

アーヴィング・ハーパー　　　　　　　{ 1916 - 2015　USA }

ギルバート・ロードのオフィスでの製図工として働き始める。その後からジョージ・ネルソン・オフィスでデザイナーとして働き、その間にハーマンミラー社のロゴや広告やカタログのデザインを手がけ、ネルソン名義で出されていた家具やプロダクトの実質的なデザインを多数行う。1963年にネルソン・オフィスを辞めた後にフィリップ・ジョージとともにデザイン会社「Harper + George」を設立。1983年からはニューヨーク郊外に引っ越し、デザインを継続して行いながら紙を使った彫刻などのアート制作も行っていた。

Florence Knoll

フローレンス・ノル

ノル社の歩みは近代デザイン運動の歴史である

1. ミース・ファン・デル・ローエ
※『芸術家たち1』に登場
『Mies van der Rohe』(TASCHEN)

2. エリエル・サーリネン
フィンランドのランタサルミ生まれの建築家・都市計画家。20世紀初頭、フィンランドにアール・ヌーヴォー様式の建築を多く建てた人物で、のちにアメリカに移り、アールデコの時代の超高層ビルデザインに大きな影響を与えたほか、美術やデザインの教育に力を入れた。アメリカの建築家エーロ・サーリネンは息子。

　戦後のオフィスデザインに革命を起こし、インテリアにおける先進性や機能美を提案したフローレンス・ノルは、ミース・ファン・デル・ローエ*1 やエーロ・サーリネン (P.58)、ハリー・ベルトイア (P.28) など、当時の最先端を行く建築家やデザイナーたちとのコラボレーションによって"モダンファニチャーの先駆者"として世界的な地位を確立しました。さらに、彼女はインテリアデザインの分野においての専門化にも取り組み、機能性に長けたフォルムの美しい家具が置かれたオープンオフィスのデザインを数多く手がけ、デコレーターとインテリアデザイナーの肩書きの違いを最初に唱えた一人でもありました。

　ミシガン州サギノーという町でベーカリーを営んでいたフレデリック・エマニュエルとミナ・マティルダ・シュストの一人娘として生まれたフローレンスは、幼少の頃から「シュウ」というニックネームで呼ばれ可愛がられていました。しかし、5歳のときに父親、続いて12歳のときに母親を亡くし孤児になってしまいます。その後、両親の知人である銀行家が後継人となったことで、早くから建築に興味があった彼女は、クランブルック・アカデミーに隣接したキングスウッド・スクール・フォー・ガールズの寄宿舎に入ることになりました。

　その後クランブルック・アカデミーに進むと、そこの学長であったエリエル・サーリネン *2 は彼女の飛び抜けた才能に惚れ込み、フローレンスのことを養女のように親しく接したそうです。そして、夏の間はサーリネン一家の故郷であったフィンランドで過ごし、長男のエーロ・サーリ

ネンとはまるで兄妹のようにエリエルから建築史の個人
レッスンを受けたりするという、何とも恵まれた環境の中
で10代を過ごしました。

　クランブルックの建築コースに1年間だけ参加したフ
ローレンスは、それからニューヨークのコロンビア大学の
建築学部で都市計画を学びます。そして1936年にはミ
シガンに戻りクランブルックの建築コースに再入学し、
その翌年には同校で教えていたチャールズ・イームズと
サーリネンと家具作りの研究に没頭し、1938年の夏に
はロンドンのAAスクールで受講した際にアルヴァ・アア
ルト *3 にも出会っています。

3. アルヴァ・アアルト
※『芸術家たち1』に登場

4. ヴォルター・グロピウス
※『芸術家たち1』に登場

　やがて欧州で戦争が始まりアメリカに帰国せざるを得
なかったフローレンスは、マサチューセッツ州ケンブリッジ
に移り、ハーバード大学で教えていたヴォルター・グロピ
ウス *4 とマルセル・ブロイヤー *5 の下でインターンとして働
き、その秋にはシカゴの「ニューバウハウス」に入学。ミー
ス・ファン・デル・ローエのもとで建築学の学士号を取
得し、誰もが羨むほどのモダニズムの本物の偉人たちと
の繋がりを若くして築いていったわけですが、そうした人
脈がその後の彼女の人生に大きな恵みとなっていきます。

ワシリー・チェア
5. マルセル・ブロイヤー
※『芸術家たち1』に登場

　1940年代にニューヨークに移ったフローレンスは、ハ
リソン&アブラモビッツという建築事務所に職を得て、そ
こでの仕事を通してハンス・ノルと運命的に出会いまし
た。二人は共同でオフィス設計しながらパートナーシッ
プを継続。主にショールーム設計を手がける「ハンス・

G・ノル・ファニチャー・カンパニー」のデザイナーとしてフローレンスが注目されるようになると、二人は結婚。フローレンスがデザインを担当し、ハンスが経営者として手腕を発揮したことによって、小さかった会社の業績も飛躍的に上がり、ペンシルベニア州イーストグリーンビルに新たに工場を設立するまでになりました。

　「優れた建築家であるなら、家具のデザインにおいても同じような力が発揮できるはずだ」と常々感じていた二人は、フローレンスの恩師であったブロイヤーやピエール・ジャンヌレ*6 に家具デザインを依頼。ミース・ファン・デル・ローエを説得して彼の名作《バルセロナ・チェア》*7 の復刻の権利を得ることにも成功します。さらに、兄弟のような間柄であったエーロ・サーリネンに「たくさんのクッションの中で丸くなれる大きなバスケットのような椅子を作ってほしい」とリクエストし誕生したのが、ミッドセンチュリーモダンを代表する《ウーム・チェア》でした。

　そしてもう一人、フローレンスのことを語る上で忘れてはならないのが、当時ロサンゼルスのイームズ・オフィスで働いていたハリー・ベルトイアです。ノル夫妻はペンシルベニア州にスタジオを兼ねた住居を購入し、それからベルトイアにデザインに専念してもらうために資金を援助。そのようなサポートがあって、彼の代表作となる《ワイヤー・チェア》が生まれました。他にもイームズ・オフィスの要となっていたドン・アルビンソン(P.32)をノル社に引き抜いたのもフローレンスであり、そんな彼女の先見性が同社をさらに躍進させることになっていくのです。

6. ピエール・ジャンヌレ
スイスの建築家、家具デザイナー。ル・コルビュジエとは従兄弟にあたり、コルビュジエの重要なパートナーとして事務所の建築実務を担当していた。

7. バルセロナ・チェア
1929年に開催されたバルセロナ万博でスペイン国王夫妻をドイツ館に迎えるためにミースがデザインした有名な椅子。

ノル社の快進撃は続き、1947年に「ノル・テキスタイルズ」*8 を立ち上げ、家具だけでなく高品質のテキスタイルの販売を始めるも、その好調の矢先に、夫ハンスが自動車事故で急死してしまいます。そんな苦境の中、フローレンスが1958年に社長に就任。小売店の数はさらに増え、1960年までには同社の年間売り上げはなんと1,500万ドルとなるまでに成長し、以降「ノル・アソシエイツ」「ノル・テキスタイルズ」、および「ノル・インターナショナル」の社長として三つの会社を牽引し続けました。

経営だけでなく家具デザイナーとしても一流だった彼女は、「家具というのはトータルなインテリアデザインの要素として見られるべき」という信念に基づき、テーブル、机、椅子、ソファ、ベンチ、スツールなど都会的で洗練された《ノル・コレクション》のデザインを一手に手がけました。それに加え、当時のオフィスが専門的に設計されていないことに不満を持っていたため、独自のプランニング事業を展開。それが反映されたのがIBMやCBSといったアメリカの企業経営者たちのためのショールームであり、スタイリッシュなノル社の商品を空間に合わせてアレンジすることで、視覚的によりアピールするという同社の洗練された美学を訴えることに成功したのです。

フローレンスが手がけた家具には、たとえそれがオフィス用に作られたものであっても、使う人や場所を選ばないような快適さがありました。また、オープンプラン*9 を職場環境に導入した独自の考えは、やがてアメリカのオフィスデザインに近代的な革命をもたらすことになってい

8. ノル・テキスタイルズ
商業用インテリアの布地のニーズに対応した最初の会社で、今日、北米で最大のサプライヤーの一つとして有名。

9. オープンプラン
壁やパーテーションによる区切りのない広々とした空間のこと。

きます。1959年には会社を売却したものの、1965年まで絶対的なリーダーとしてデザインを行い、その規模を倍にし、世界で最も影響力のある家具メーカーおよび設計会社にノル社を育て上げました。

　フローレンス・ノルは、建築家、インテリアデザイナー、家具デザイナー、経営者としてアメリカの近代デザインの歴史に深く刻まれているばかりか、女性の立場から、男性と同等の雇用条件を確立するべく率先して戦ったことでも知られています。イームズ夫妻やフローレンス・ノルによって実践されたアメリカ発のモダニズムは、それまでになかった色彩と質感を人々の暮らしにもたらし、日々の生活をより快適にしました。当時の人々が、彼らの家具に未来の姿を見ていたのは間違いなく、そのスピリットは今も変わらず生き続け輝きを放っているのです。

フローレンス・ノル　　　　　　　　　{ 1917-2019 USA }

エリエル・サーリネンが学長を務めたクランブルック・アカデミーに通い、その後も多くの偉大な建築家やデザイナーの下で学んだ。1946年にハンス・ノルと共同設立した「プランニング・ユニット」では、IBMやGMなどアメリカの大企業の内装デザインを手がける。その後、ミッドセンチュリー、そしてアメリカを代表する家具メーカーであるノル社を創業し、サーリネンやベルトイアなどによるデザイン家具を制作。自身も家具やオフィスデザインを手がけ、夫が亡くなった後は経営者としても力を発揮した。

Harry Bertoia

ハリー・ベルトイア

軽やかな銀色に輝くダイヤモンド・チェア

1. ダイヤモンドチェア
1本1本異なる長さのスチールロッドを3次元に曲げ、その後ダイヤモンド型に溶接固定、椅子の形をした現代彫刻作品といわれる名作。

ノル社からリリースされた《ダイヤモンドチェア》*1 のデザイナーとして知られるのがハリー・ベルトイアです。名前のごとくこの椅子はダイヤモンドの形をして、人の身体の輪郭に合わせて成形されていたため、人の身体を優しく包み込むような究極の座り心地のよさが追求されていました。すべてワイヤーでできており、その透けた網目の未来的な形はまるでアートのような優美さがあり、機能性と美しさの両方を兼ね備えた名作としてミッドセンチュリーモダンを象徴する名品として知られています。

ハリー・ベルトイアはイタリアのポルデノーネで生まれました。15歳の時にアメリカのデトロイトに家族とともに移り住み、工業高校でアートやデザインを学んだ後に金属加工による宝飾品を手がけていました。1937年にクランブルック・アカデミーに入学し、そこで教えていたチャールズ・イームズとエーロ・サーリネン(P.58)、そしてのちにサポートを得ることになるフローレンス・ノル(P.22)ともこの時に知り合っており、また校内に自分の工房を与えられるほどの高い金属加工の技術をすでに持っていました。しかしながら、第二次世界大戦の影響で鉄や金属が入手困難になったため、彼の活動も滞るようになっていくのです。

そのような苦しい状況もあり、すでにロサンゼルスに拠点を移し成型合板を使った家具の開発を行っていたイームズ夫妻から誘いを受けて、温暖なカリフォルニアの気候にも魅力を感じたベルトイアは、イームズ・オフィス*2 のメンバーとして1943年から正式に働くことになりま

2. イームズ・オフィス
イームズの設計事務所で、ロサンゼルスのベニスの901 Abbot Kinney Boulevardにあったガレージにて1943年から1988年まで開設していた。

す。しかし、もともと金属加工を得意としていた彼の頭の中には、「自然の木を強引にねじ曲げて成型することは不自然だ」という思いがあり、イームズたちが最も力を注いでいた成型合板の家具にはそれほど熱心になれなかったそうです。

それだけでなく、イームズ・オフィスにいる限りは雇われの身であり、《イームズワイヤーチェア》*3 にしてもベルトイアが貢献していたにもかかわらず、自分のクレジットが付かないことには不満を感じていました。アーティスト気質で独立志向も強かったベルトイアは、自分の居場所はここではないとイームズ・オフィスを離れる決心をします。この時に後ろ盾となってくれたのが、クランブルック・アカデミーで知遇を得ていたフローレンス・ノルであり、彼女からの誘いを受けてベルトイアは彼らと仕事をすることを考えるようになりました。

しかし、そのためには拠点を東海岸に移さねばならず、イタリア人の彼には温暖な地での生活が合っていたため、その誘いになかなか決心できなかったそうです。しかし、ベルトイアの才能を高く買っていたノル夫妻が、ペンシルベニアに住まいとスタジオを用意してくれたばかりか、ノル社のためのデザインだけでなく、本人が本来やりたかった彫刻制作のための資金も提供するという破格の条件を用意してくれたことで、家族とともに東海岸への移住を決意します。

そしてその新天地において、自由かつ創造的な環境

3. イームズワイヤーチェア
1951年に製品化された素材を一体成型する手法を採用した椅子で、イームズが手がけたシリーズの中でもワイヤーのみで形成された唯一のものだった。

4. ベルトイア
　ハイバックアームチェア
《ダイヤモンドチェア》の背もたれを長くしたデザインの椅子。

5. ベルトイア
　カウンターハイスツール

ベルトイアは自身の設計した椅子を「ほとんど空気でできている」と表現していたが、このハイスツールは脚が床から浮いた状態で座ることになるため、遠くから見ると人が浮いているように見える。

から生まれたのが《ダイヤモンドチェア》でした。この椅子は長さが異なるスチールロッドを3次元に曲げていき、最終的にはダイヤモンド型に溶接固定することで大量生産が可能となりました。重厚さがなく、それまでの椅子になかった奇抜な発想によって生み出された革新的な椅子は、1952年にノル社がニューヨークに出したショールームにて晴れて披露されました。

　それに続き、鳥が羽を広げているような《ベルトイア ハイバックアームチェア》*4 や《ベルトイア カウンターハイスツール》*5 といった、金属フレームを使った個性的な家具が続々と商品化されると、ノル社は大きな収益を生み出しました。その後ベルトイアは、これらのシリーズの後に家具のデザインから身を引いたのですが、ミッドセンチュリーモダンの象徴的なデザイナーとして彼の名前とプロダクトは今も語り継がれているのです。

ハリー・ベルトイア　　　　　　　〔 1915 - 1978　ITA, USA 〕

イタリアで生まれ、15歳の時にアメリカに移住。デトロイトの大学で彫刻と金属工芸を学び、その後にミシガンのクランブルック・アカデミーに入学し、後に金属工房を校内に設立しその後は指導にも携わる。ロサンゼルスのイームズ・オフィスでの仕事に就き《イームズワイヤーチェア》を手がける。1950年からはノル社からの誘いを受けてペンシルベニアに移り住む。同社から発売された金属ワイヤーを使った椅子をデザインし一躍有名になるも、1960年代以降は主にアーティストとして活躍した。

Don Albinson

ドン・アルビンソン

イームズとノル社の両方を支えた工業デザイナー

イームズの家具やプロダクトの設計デザインはすべてチャールズとレイの二人が行っていたというのは実は間違いで、イームズ夫妻はオフィスに有能なスタッフたちを集めてデザイン設計を行い、様々なプロジェクトを打ち出していました。このことはジョージ・ネルソンがアーヴィング・ハーパー（P.18）を使い《ボールクロック》などをデザインさせていたことを思い起こしますが、総合的なディレクションを行っていたのはイームズとネルソンであり、決して彼らが他人のデザインを搾取していたというわけではありません。

　ネルソンにハーパーがいたように、ドン・アルビンソンはイームズ・オフィスにおける現場監督として、最盛期の戦後からミッドセンチュリーの頃までイームズ・オフィスに在籍し、多くのイームズの革新的なプロダクトを誕生させるために尽力しました。戦前のイームズ・オフィスで仕事をしていたということは、ポール・ラースロー（P.78）やハリー・ベルトイア（P.28）とも同僚だったということになりますが、その中においても1946年から13年間にわたって最も献身的にイームズ夫妻を支え続けたのが、このアルビンソンだったのです。

　1939年にクランブルック・アカデミーに入学したアルビンソンは、当時そこの教師だったチャールズ・イームズとエーロ・サーリネン（P.58）、そしてまだ学生だったレイ・カイザーとハリー・ベルトイアに出会います。在学中にはイームズとサーリネンとともに、初期イームズの頃のいくつかのプロトタイプの制作に関わるも、第二次世界大

戦が始まるとパイロットとなり、終戦後からロサンゼルスに移り住みイームズ・オフィスで働き始めます。

イームズ夫妻に圧倒的に信頼されていたアルビンソンは、オフィスの主任デザイナーとしてFRP椅子*1 の開発を筆頭に、成型合板を使ったスクリーン*2、イームズ プライウッドダイニングチェア メタルレッグ、アルミナムグループチェア*3 といったイームズの代表的な家具の開発と生産に直接関係し、イームズとともに十数件もの特許を得るために力を注ぎました。1949年にはパシフィック・パリセーズのイームズ邸として知られる《ケース・スタディ・ハウス #8》、そしてミシガン州ジーランドの《マックス・デプリー・ハウス》、さらにはイームズの映画製作にも参加するなど、当時のイームズ夫妻にとってはなくてはならない存在でした。

イームズ・オフィスを退社した後は、その実績と経験を買われてハーマンミラー社の工場長として採用されました。その後、現場における製造技術と造形デザインの両方に長けていたアルビンソンの高い能力に目をつけていたフローレンス・ノル（P.22）から引き抜かれて、1964年からはノル社のデザイン・ディレクターとして働くことになるわけですが、これはイームズのもとを離れ、ノル社へ移ったベルトイアと同じような流れを辿ったということになります。

ノル社ではそれまでやれなかった自身のデザインを実際に生産する絶好の機会に恵まれ、初めて自分の名前が付いたプロダクトが製品化されます。それが5色の異

1. FRP椅子
繊維強化プラスチックで作られた椅子のこと。

2. 成型合板を使ったスクリーン
《イームズプライウッドフォールディングスクリーン》のこと。1946年に初めて製造され、波形をしたスクリーンは、空間を仕切ったり、プライバシーを確保したり、折りたたんで持ち運ぶことも可能だった。

3. アルミナムグループチェア
サーリネンとジラードが屋外用の上質なチェアが欲しいということを受けて誕生した家具で、イームズ夫妻はアルミダイキャストを使用してシートフレームに合成繊維のメッシュ素材を張ったチェアをデザインした。

4. アルビンソン
　　スタッキングチェア

1965-1974年の間に製造され
ていたものだが、日本国内での
流通は極めて少なく希少なプロ
ダクトとなっている。

なるバリエーションがある《アルビンソン スタッキングチェ
ア》*4 でした。射出成形プラスチックによる座と背、フレ
ームはアルミ製ダイキャストという仕様で、スタッキングさ
れた時の美しさまで計算された椅子は1967年にAID
賞を受賞し、アルビンソンの名前がデザイナーとして世に
知られるきっかけとなりました。

　アルビンソンは1971年までノル社に在籍し、その間に
ワーレン・プラットナーの《プラシトナー ラウンジチェア》
やチャールズ・ポロックの《ポロック アームチェア》など
にも力を貸しました。「生産技術や材料のことを抜きに、
造形だけのプレゼンテーションをするデザイナーたちには
苦労したよ」とアルビンソンは当時のことを振り返ってい
ますが、イームズとノル社、そしてハーマンミラー社という
"ビッグ3"を支えていた彼の存在がいかに重要であっ
たかはあえて言うまでもないですよね。

ドン・アルビンソン　　　　　　　　　　{ 1921-2008 USA }

ミシガン州スパルタに生まれデトロイトで育ち、クランブルック・アカデミーに
在籍しイームズやサーリネンに出会う。戦後からイームズ・オフィスで働き、様
々な家具やプロダクトや建築や映画の制作など、1959年までの13年間主任
デザイナーとして貢献した。ミシガンのハーマンミラー社で工場長として働い
たあと、1964年から1971年までノル社のデザイン部門のディレクターを務め
る。その間に代表作となる《アルビンソン スタッキングチェア》をデザインし自
身の名前も知られるようになった。

George Nakashima

ジョージ・ナカシマ

戦後アメリカを代表する木工家具のパイオニア

2. コノイドチェア
斜めに伸びた2本の脚でバラン
スをとる、片持ち梁構造を用い
た椅子。発表当時は不安定さ
を懸念する声もあったが、破損
率は低く構造と素材の耐久力
が証明された。

3. 讃岐モダン
戦後復興期に香川でデザイン
知事と呼ばれた金子正則元県
知事が県庁舎の設計を丹下健
三に依頼し完成したことをきっ
かけとして、県内に数多く新し
いデザインが生まれたことを称
しての言葉。

4. アントニン・レーモンド
※『芸術家たち1』に登場

5. 桜製作所
1948年創業した高松市の木工
会社で、木工技術を持つ職人
集団からスタートした。1964年
以来、ジョージ・ナカシマがそ
の技術を唯一認めていた。

ジョージ・ナカシマの名前を初めて耳にしたのは、僕がまだサンフランシスコの美術大学に通っていた頃のことで、メインストリートに面したハードルの高そうなアートギャラリーで行われていたナカシマの個展に、恐る恐る足を踏み入れてみたのです。広々としたギャラリーには、木の自然のラインのままに作られたダイニングテーブルや、座り心地がよさそうな椅子がゆったりと陳列されていて、その光景がとても印象的だったことを今も覚えています。家具のことなど何も知らなかった頃の話で、そもそもこの展示に立ち寄ったのも「ジョージ・ナカシマ」という日系の名前が単純に気になったからでした。

それからかなり年月が経った昨年、二つの異なる場所でナカシマの木工椅子に出会う機会がありました。最初は東京・四谷にある前川國男*1 建築設計事務所の入り口に置かれたナカシマの《コノイドチェア》*2 であり、それからあまり間を空けることなく、今度は高松市の歴史資料館で行われた「讃岐モダン」*3 にまつわる展覧会に同じ椅子が展示されていたのです。ナカシマと前川の繋がりは彼らがアントニン・レーモンド*4 の設計事務所時代に同僚だったこと、そして高松市に関しては家具メーカーとして知られる桜製作所*5 でナカシマの家具が制作されているという経緯があったからなのですが、この偶然ともいえる出会いによって、ナカシマの存在がぼくの中で急速に膨らんでいくことになりました。

両親が日本人だったナカシマはワシントン州スポケーンで生まれ育ち、地元の大学で森林学を学んだ後に建

築学も２年間学びました。学業が優秀だった彼はハーバード大学の大学院でデザインを学ぶべく奨学金を得たものの、同じボストン近郊にあるマサチューセッツ工科大学に移籍し建築の修士号を取得します。卒業後はフランスで１年間過ごした後、両親の故郷であった日本を訪れます。そして父の友人を介してチェコ人の建築家で日本に滞在していたレーモンドの設計事務所で働くことになるわけですが、その職場で前川や吉村順三*6、そして前川を経由して後に丹下健三*7 も知ることになり、戦後の日本の近代建築を担っていく３人の重鎮たちとナカシマはこの早い段階で知遇を得ていたということになります。

レーモンド設計事務所で働いている間、ナカシマは吉村とともに文学や自然に親しみ、日本各地の茶室や神社仏閣などを訪れることで日本人の精神や文化などを感じとっていたといいます。さらに、レーモンドの仕事でインドのアシュラムのための宿舎を建設するよう現地に派遣されると、その精神に共感したナカシマはそこで２年間も修道者たちと共同生活することになるのですが、滞在中にインド特有の木工技術に初めて触れ、木の特性などを深く学ぶ貴重な機会を得ることになります。

やがてレーモンド設計事務所を退所したナカシマは1940年にアメリカに戻り、シアトルからカリフォルニア州までアメリカの建築視察の旅に出掛けた際、フランク・ロイド・ライト*8 の建築に失望し、「自分一人で最初から最後まで関わることができる木工作業こそが自分がやり

6. 吉村順三
※『芸術家たち1』に登場

7. 丹下健三
※『芸術家たち1』に登場

8. フランク・ロイド・ライト
※『芸術家たち1』に登場

たいことなのだ」と自覚するに至るのです。第二次世界大戦が勃発すると、日系人であったナカシマはアイダホ州にあった収容所に強制収監されてしまうも、そこで知り合った日系2世の大工と共に働き、木工に関する技や知識を得ることができたのはまさに運命だったと言わざるを得ません。

　すでにアメリカに帰国していたレーモンドが身元引受人となり収容所を出たナカシマは、彼が経営していたペンシルベニア州ニューホープの農場に移住しそこで働き、1944年からはニューホープ近郊の同州バックス郡にあった家のガレージを工房として家具づくりを始めます。のちに広い土地を手に入れ、自分たちの手で建てた工房へ移住。そして、ナカシマは大きな木材を断裁したときに生まれる自然な輪郭をそのまま生かしたコーヒーテーブル、クルミの木を使ったデスクトップなど、この頃から木の質感や自然のままの美しい木目をそのまま家具に取り込み仕立てるというやり方に人一倍こだわりました。

　ナカシマの家具は基本的に人工的な色や塗料などを加えることはせず、木の魂をできるだけ自然のまま内包させるかのようなデザインが特徴です。ナカシマが特に影響を受けていたのが、北米の伝統家具であるクェーカーやシェーカーの家具*9 でした。そこに日本の高度な木工技術の伝統とナカシマの豊かな創造性が加えられたことで、それまでになかったような自然のままの形や色を生かしたアメリカ産の独創的な木工家具が生まれることになったのです。

9. シェーカーの家具
18〜19世紀のアメリカで、清教徒の一派であるシェーカー教徒によって作られた木製家具。質素な信仰生活から生まれた、空間を無駄なく使うための簡素で実用的なデザインが特徴。

ナカシマは自身の著書である『木のこころ』*10 の中で、「必ずできる傷やくぼみは、家具としての味わいを深める。（中略）私にとって家具が一度も使われたことがないような、その表面が輝いてすべすべしているものほど魅力のないものはない」と書き記していて、家具というものは必要以上に高価なものとして扱われるべきではないという考えを持っていました。そういえば、前川のところで見た《コノイドチェア》や高松の《ミングレンシリーズ》もかなり使い込まれていて、日常使いでできた傷や経年による風情が加わることで、確かにそれらの椅子をさらに魅力的なものにしていました。

《ミングレンシリーズ》が出てきたので、ここでナカシマと香川のつながりを言及しておくと、1964年に彫刻家の流政之の誘いを受けたナカシマは高松市を訪れ、当時の香川県知事の金子正則らが中心となり発足した讃岐民具連のことを知ることになり、建築家、家具デザイナー、金工家、漆芸家などとともに構成されたメンバーに自らもその一員となります。桜製作所の職人たちの高い技術に惚れ込み、自分がデザインした家具の制作を依頼し、やがてそれが《ミングレン（民具連）シリーズ》として販売されたことによって、ナカシマの名前とプロダクトが讃岐の地に根付いていったというわけです。

桜製作所の他にもナカシマがコラボレーションをしたプロダクトがもう一つあって、それがレーモンドを介して知り合ったノル夫妻とともに制作したノル社からの量産向けの家具でした。その時に制作されたのが《ストレート・

10. 木のこころ
1983年に鹿島出版会から出された自身の生いたちやもの作りに関してのナカシマの回想記。
『木のこころ―木匠回想記』（鹿島出版会）

11. ストレート・バック・チェア
イギリスの伝統的木製椅子ウィンザーチェアの一種で、ストレート・チェアとしても知られている。

12. ハンス・J・ウェグナー
※『芸術家たち1』に登場

バック・チェア》*11、《N10コーヒーテーブル》、および《N12ダイニングテーブル》といったプロダクトであり、さらには吉村順三がニューヨーク北部に設計したロックフェラー邸のための220点の家具や、ニューヨークのセント・ジョン・ザ・ディバイン大聖堂に献納した「平和の聖壇」の制作といった大きな仕事をやり遂げたことで、ナカシマの芸術的な作品がより広く知られていくようになります。

　ナカシマの家具は北欧で同時代に活躍していたハンス・J・ウェグナー*12らの家具デザイナーとは一線を画し高いデザインセンスと工法によって作られていました。その家具は決して前衛的というのではなく、日米の伝統を踏まえながら、細部まで気配りしたディテールへのこだわりを持って制作されていました。それゆえに、戦後アメリカにおける工芸と芸術家具の新しいムーブメントに貢献し、ミッドセンチュリーモダンを代表する木工家具デザイナーとしてジョージ・ナカシマのことを崇拝する人は今も世界中で後を絶たないのです。

ジョージ・ナカシマ　　　　　　　　　{ 1905 - 1990 USA }

ジャーナリストの中島勝治の長男としてワシントン州スポケーンに生まれる。ワシントン大学で森林学と建築学、さらにマサチューセッツ工科大学でも学ぶ。1933年に世界一周の旅に出て、1934年にパリを発ちインドと中国経由で日本へたどり着く。レーモンドの設計事務所に入所し仕事で訪れたインドで東洋の哲学を習得する。戦争中は強制収容所で過ごすがそこで木工技術を磨く。以降、ペンシルベニア州ニューホープを制作の拠点として数々の木工家具の名品を生み出したアメリカを代表する木工家具デザイナー。

Edith Heath

イーディス・ヒース

カリフォルニアモダンを代表するポッタリー

1. ヒース・セラミックス

シンプルかつ柔らかいフォルムで知られる陶芸ブランド。土や空など自然を連想させる色使いが大きな特徴。
LANDSCAPE PRODUCTS

**2. シカゴ・ティーチャーズ・
　カレッジ**

1896年に創立されたシカゴにあった師範学校。1965年に閉校された。

ヒース・セラミックス*1 は1948年に設立された陶器メーカーで、外部の作家たちとともに作陶するだけでなく陶芸家自らが起業した会社として知られています。現在も創業時から変わらず、サンフランシスコの対岸にゴールデンゲート海峡を挟んだサウサリートに工場を構え、昔から変わらぬ機械生産によるモダンなテーブルウェアを作り続けている会社として知られています。

この会社を創設したのがイーディス・ヒースという陶芸家であり、彼女は4人の弟子とともに工房を立ち上げ、皿やカップなどの日常使われる食器を軸とした陶器の生産販売を始めました。創業当初から手作業による風合いにこだわりながら、マットで落ち着いた色合いの優しいフォルムと、そのカジュアルな使い勝手のよさに惚れ込むファンは今も後を絶たないようです。

イーディスは、イーディス・キルツナーとして1911年にアメリカの中西部に位置するアイオワ州アイダグローブに生まれました。両親はデンマークからの移民で、先祖から受け継いだスカンジナビアの感性が、のちの彼女の仕事にも反映されていくことになります。1931年にシカゴ・ティーチャーズ・カレッジ*2 に入学し、卒業後にはそこに設けられたばかりのセラミックスコースを修了し、シカゴ美術館にパートタイムで働き始めました。

1938年にブライアン・ヒースと結婚し、二人はサンフランシスコに移り住みます。美術教師の仕事に就いたイーディスは、同時にカリフォルニア・スクール・オブ・ファイ

ンアーツの授業も受け持ちながら、彼女はこれらのクラスで開発した粘土を自身の作品にも使い、ミシンの踏み台を陶芸の轆轤（ろくろ）として改造するなど様々な工夫を試していきました。そして初個展をサンフランシスコで行うと、Gump's *3 のバイヤーから声がかかり作品の販売をオファーされたことで、イーディスは晴れてプロの陶芸家としてスタートすることになります。

　仕事は順調に進み大手小売業者からの注文も増え始めたため、1948年に夫妻はサウサリートにロフトを見つけヒース・セラミックスを開設。デザイン、粘土と釉薬の調合はイーディスが担い、ビジネス面を切り盛りしたのが夫ブライアンで、彼は工房に必要な装置や道具類なども開発するなど二人三脚で運営しながら、1949年には年間10万個を生産するほどまでに会社を成長させます。イーディスは連続焼成炉用の粘土を使用し、通常よりも少し低い温度で焼くことで耐久性が加わったばかりか、火力エネルギーも軽減できたそうですが、そういった環境への気配りがいかにもカリフォルニアらしいところですね。

　戦後のカリフォルニアの陶芸界では、個々の作家たちが手がけたオリジナルのデザインが大きな工場で大量生産されるという傾向があり、その代表格がヒース・セラミックスでした。その一方で、イーディスとブライアンは新しく生まれていた中産階級の家庭へ届けるために、次々と新しい手法やシステムを積極的に採用し大量生産を打ち出すと、同業者たちからは「お金のために仕事をして

3. Gump's
1861年にサンフランシスコに創業したアメリカの高級家具およびインテリア小売店。

4. パサデナ美術館

アメリカ人実業家の個人的コレクションを基にして開設された美術館で、現在はノートンサイモン美術館という名称となった。

『A Living Work of Art: The Norton Simon Museum Sculpture Garden』（MARQUAND BOOKS）

いる。大衆マーケットのためのものづくりに手を染めてしまえば良質のものはつくれない」などと非難も浴びましたが、夫妻はカスタムメイドの釉薬や土を使うことで工芸的な美しさは維持できると確信していました。

1960年代後半になるとテーブルウェアだけでなく建築用タイルの開発に着手し、1971年にはパサデナ美術館*4 のためにカスタムタイルを制作。艶をかけた11.5万枚もの美しいタイルがモダンな外壁に使われ、波打つような茶系の優美なグラデーションはまさに芸術作品と言ってもいいほどでした。そして、これによりアメリカ建築家協会の金賞を受賞し、1940年代の初期作品がニューヨークのMoMAの永久コレクションに選ばれたりしたのも、結局のところヒース・セラミックスのものづくりに対する真摯な姿勢が高く評価されたからに他なりません。

イーディス・ヒース　　　　　　　　　　{ 1911-2005　USA }

アイオワ州アイダグローブに生まれる。1931年にシカゴ・ティーチャーズ・カレッジで陶芸を学び、結婚後にサンフランシスコに向かう前にニューメキシコ州に立ち寄り、そこでネイティブアメリカンの伝統的な器に出合い感銘を受ける。学校で教えながら釉薬の研究に没頭し、1948年にサウサリートにヒース・セラミックスを開設。1990年代まで活動を続け、2003年から現在のオーナーに引き継がれた。2005年12月にカリフォルニア州ティブロンの自宅にて94歳で亡くなった。

Edith Heath

Russel Wright

ラッセル・ライト

すべてはダイニングテーブルから

1929年に起こった大恐慌後、まだ欧州の装飾的なデザイン食器が主流だった時代に、アメリカ国内で発売されたのがラッセル・ライト社の温かみがあるテーブルウェアでした。そこには「食は常に形が定まっていないため、それを盛る器は単純な形であるべきで表面にも装飾はないほうがいい」という考えが反映されていたといいます。またシンプルながら色のバリエーションが豊富で使い勝手がよかったことと、セット売りが当たり前だった時代に単品での購入を可能にしたことで、同社のテーブルウェアは多くの人々のハートをつかみました。

社長であったラッセル・ライトは新しい素材と生産技術を開発することに余念がなく、メラミン樹脂*1 という特殊な合成樹脂を使用することで壊れにくく、収納しやすい機能的なデザインを作り上げました。その結果、最初の生産時の1939年から最終的な生産時の1959年までの約20年の間になんと2億個以上が売られ、ラッセル・ライト社のテーブルウェアは歴史上で最も多く販売され、おそらく当時のほとんどのアメリカの全家族に行き渡ったと言ってもいいほどの爆発的な人気を博しました。

ラッセル・ライトは1904年にオハイオ州で生まれました。幼少期からアートとデザインに魅了され、東海岸の名門校プリンストン大学で法律を学んでいる間も芸術と彫刻へ情熱を注ぎ続け、卒業後は弁護士を目指すことなくニューヨークへ向かい、劇場のセットデザイナーとなります。1927年には自分のスタジオを持ち劇場用小道具や装飾品の鋳物などを作り始め、彫刻家だったメ

1. メラミン樹脂
歴史の古い樹脂の一つで、メラミンとホルムアルデヒドの重縮合によってできるプラスチックのこと。

Russel Wright

アリーと出会い結婚。のちに『Guide to Easier Living』*2 というマニュアル本を共同で発行した二人は、イームズ夫妻と比べられたりするほどアメリカのモダンデザインに影響を与えたカップルとしても知られています。

　ライトは最初の頃は真鍮を使っての家庭用プロダクトをデザインしていたものの、1930年代になるとアルミ製カクテルセットやカトラリー、さらに家具デザインも手がけていきました。そして、1953年には《レジデンシャル》*3と名付けた家庭用のメラミン食器をボストンのプラスチック会社と提携して製造し、それがMoMAの主催したグッドデザイン賞を受賞。夫妻はさらに照明やテキスタイルも手がけるようになるなど、それまで見られなかったような多角的な商品展開を打ち出し、デザイン性を押し出した進歩的な考え方とマーケティングによって彼らの存在は広く知られるようになっていきました。

　低価格でしかも飽きられない形と品質を誇ったラッセル・ライト社のテーブルウェアのベースにあったのが、「ダイニングテーブルこそが家の中心である」という夫妻の信念でした。そもそもライトのデザインが壊れにくかったのも、ディナー用のしっかりとしたフォーマルなものと、ピクニックで使う使い捨て紙皿の中間のようなものを想定していたからだそうです。彼らのそんな堅苦しくなくデザイン性にも優れたテーブルウェアは、戦後のアメリカの家庭の雰囲気を変えてしまうほど、なくてはならない必需品アイテムになっていったわけです。それはある意味、同社の商品が当時のアメリカ人たちにとってまさに幸せ

2. Guide to Easier Living
1950年に出版されたハウスキーピングマニュアル。
『Mary and Russel Wright's Guide to Easier Living』(Gibbs Smith)

3. レジデンシャル
米国においてメラミン製食器として最も多い販売数を記録したシリーズ。

の象徴であったからかもしれません。

　人々を楽しい気分にさせてくれる食器にとどまらず、ライト夫妻は家具、そして造園などにも続々と着手していくことになります。その結果、ありそうでなかった日々の生活習慣をデザインすることで、デザインにほとんど関心がなかった当時の庶民たちが、モダニズムの創造的な雰囲気を気軽に味わうことができる機会を作り上げました。このように一つのブランドがライフスタイルに対してトータルなコーディネーションをするやり方は、やがてラルフ・ローレンやマーサ・スチュワート*4らの打ち出し方への手本となったとも言われるほど、画期的なことであったのです。

4. マーサ・スチュワート
料理、園芸、手芸、室内装飾など生活全般を提案するライフコーディネーターで、自身の名を冠した会社を展開した。

ラッセル・ライト　　　　　　　　　{ 1904-1976 USA }

オハイオ州レバノンの裁判官の家に生まれる。プリンストン大学で法律を学ぶも、卒業後はニューヨークの劇場セットデザイナーになる。自らのデザインスタジオを立ち上げ、夫人となる彫刻家のメアリーと出会い、家庭用のアクセサリーやプロダクトをデザインするようになる。1953年に発表したメラミン食器が爆発的な人気となり年間で400万ドルを超えるほど売り上げた。テーブルウェアだけでなくライフスタイルをデザインするなど、アメリカのモダンデザインに大きな影響を与えたデザイナーである。

Georgia O'Keeffe

ジョージア・オキーフ

オキーフの創作の要となったふたつの場所

20世紀のアメリカ美術を代表する女性画家として知られるジョージア・オキーフ。そのオキーフを語る上で外すことのできないふたつの重要な場所があります。それが荒々しくも美しい砂漠に囲まれたゴースト・ランチと緑豊かな町アビキューであり、自然に浸りながらオキーフはそれぞれの家で亡くなるまでの30数年を暮らし、そこから数々の傑作を生んでいきました。

アメリカ南西部に位置するニューメキシコ州サンタフェは、アメリカの建国よりずっと以前の1607年に創設された長い歴史を持つ街なのですが、ここは昔から多くの芸術家たちから愛されたところとして知られていました。1930年代中頃はまだニューヨークや東部を拠点としていたオキーフでしたが、"世界で最も美しい場所"と知人たちから聞いていて、都会生活には疲れていたのかこの場所を思いのほか気に入ってしまい、以来、夏の間のほとんどをここで過ごすようになっていきます。

そのサンタフェから北へ約85kmのところにあったのがゴースト・ランチであり、オキーフが訪れた当時はまだほとんど人が住んでいないような寂しいところでした。やがて1940年には、ピンク色の岩肌が美しいペダーナル山を一望できる場所に建てられ、「ランチョ・デ・ロス・ボロス」という名称がつけられていたこのエリア特有のアドベ様式*1 の一軒家に一目惚れし、自身のアトリエとして購入することを決心します。

アドベ様式は、砂や砂質粘土に藁や動物の糞など

1. アドベ様式
耐久性に富み、地球上に現存している最古の建築物によく使われてきたと言われている。

『Georgia O'Keeffe and Her Houses: Ghost Ranch and Abiquiu』(Harry N. Abrams)

の有機素材を加え、それを壁や屋根として使用したような素朴な家で、外気熱を温存しゆっくりと放出することで室内を涼しく保つ工夫が施されていて、この辺りの厳しい気候には特に適していました。しかし、オキーフが手に入れたこの家は、電気はおろか水も井戸水をポンプで汲み上げるしかなく、食料は120kmも離れた町まで買い出しに行かねばならないほど不便なところだったのです。

しかしその過酷な条件と引き換えに彼女が手に入れたのが、誰にも邪魔されることのない美しい自然と創造するための静かな環境でした。人間の手がほとんど入っていない、赤茶けたピンク色の岩肌に囲まれた雄大な自然は当時のオキーフを虜にし、周辺の山や砂漠の風景、また家の周辺で拾ってきた乾いた牛の骨などをモチーフにして、日々瞑想するかのように作品を仕上げていきました。

夏と秋の間はこのゴースト・ランチで過ごしていたオキーフでしたが、冬を越すにはあまりにも寒すぎて通年住むことができなかったため、冬から春まで過ごすための場所を探さなければならなくなります。そして偶然見つけたのが、アビキューのカトリック教会*2 に隣接した1740年代に造られた古い平屋造りの家でした。

その廃墟に近い家のコンディションはゴースト・ランチの家よりさらにひどかったものの、オキーフは所有者であった教会の牧師に「この家を売ってもらえないか

2. カトリック教会
ニューメキシコ州アビキューにある聖トーマス教会のことで、アドベ様式の建物として知られる。

しら、周囲も含めて整備してちゃんと住めるようにしますから」と頼み込みます。牧師はその申し出を最初は断ったそうですが、1945年にかなりの低価格でオキーフに売却します。その後オキーフは友人のマリア・シャボーとともに、その家の周辺の荒地も整地し、時間をかけて修復していきました。

　オキーフたちの地道な作業はそれから4年もかかり、1949年に改装を終了した時には、いくつもの中庭と通路、そして実り豊かな菜園と大きな窓を備えた快適な家がようやく完成。そして、ここが彼女にとっての終の棲家となるわけですが、中央のパティオを囲むようなレイアウトになっており、制作を行うアトリエとして使う小さな部屋も併設されていました。

　このアビキューの家についてオキーフはインタビューで、「スペイン風の家は欲しくなかった。インディアンの家もメキシコの家も欲しくはなかった。私はただ自分の家が欲しかったのです」と語っているのですが、確かにむき出しの丸太の梁で支えられた天井に乳白色の土壁という作りは伝統的なアドビ様式であったものの、この空間にはどこかモダニズム的な雰囲気が漂っていました。家のリビングルームからは、ゴースト・ランチと同様、周囲の美しい景色を見渡せる大きな窓と自然光をとるための天窓があり、まさに自然とともに生活するための家をオキーフは造りたかったのでしょう。

　清潔で居心地のよさそうな部屋には、ベルトイア（P.28）がデザインした鳥が羽を広げているような《ベルト

イア ハイバックアームチェア》やサーリネン(P.58)の白い
《チューリップチェア》、そして赤く塗装されたイームズの
《プライウッドチェア》といった家具が置かれ、ノグチの
照明やカルダー(P.128)のモービルが天井から吊るして
あり、伝統をそのまま受け入れて生活するのではなく、
オキーフは日々の暮らしをよりよくするために自身のライ
フスタイルに合うように手を加え続けていたのです。

　例えば、キッチンの棚は見た目の美しさだけでなく、
いかにも実用的に作られていて、並んでいる保存食用
の器や鍋の並びにも彼女らしさが貫かれていました。
家事もそつなくこなしていたオキーフは、庭で収穫した
果物、野菜、ハーブなどを保存食として無駄なく瓶詰
めにしたり、乾燥させたり、冷凍したりして、冬を越すた
めの食料として保存していました。おそらく年間を通し
て自然のサイクルをこの庭と周囲の景色の変化を肌で
直に感じつつ、そういったことをひっくるめて自分の作
品へと自然に投影していたのでしょう。

　考えてみれば、自然に馴染むとか溶け込むといった
アプローチや姿勢は、そのままオキーフの日々の絵画制
作においても行われていたのかもしれません。彼女はた
だ単に風景画や静物画を描いていたのではなく、厳し
い日差しや砂風などニューメキシコの環境や風土を受
け入れ、そこから自分の琴線に触れるものを静かに掬
い上げるように描いていた、つまり日々の彼女の生活
自体が自身の創作活動であったのです。

オキーフがゴースト・ランチの荒々しい自然が織りなす神秘に想像力を掻き立てられる一方で、アビキューの家を必要としたのも、その周辺に庭を造れるような土地があったからです。おそらく自身が生まれ育った農場*3 でかつて自分の父親がしていたように夜明け前に起きて畑仕事に精を出し、料理に没頭することは、痩せ土のゴースト・ランチで叶わなかった夢を叶えるための家が必要だったのかもしれません。

このアビキューの家は、オキーフが生活していた頃のままの状態で保たれています。彼女の絵画作品はもちろんのこと、家具やラグや調度品やアートコレクションもそのままの状態にしてあって、そこにいないのはオキーフ本人だけという、これ以上は望めないくらいのコンディションで保存されているのです。このふたつの家の窓から、周囲の風景を眺めながら制作をしていた黒い服を好んで着ていたオキーフが、実際に生活していた頃から時間が止まったような場所が今も残されていることは、感謝してもしきれないほどです。

3. 自身が生まれ育った農場
オキーフはウィスコンシン州サンプレーリーの町の酪農を営んでいた農場に生まれた。

ジョージア・オキーフ　　　　　　{ 1887-1986 USA }

ウィスコンシン州サンプレーリー生まれ。コロンビア大学で東洋や日本美術を知り強く影響を受ける。1916年にアルフレッド・スティーグリッツの画廊で個展を開催し、1924年にスティーグリッツと結婚。牛の骨や植物や花やニューメキシコの風景に魅了されそこで過ごすようになる。夫の死後、1940年代中頃からニューメキシコに移り住み、自然主義に基づいた抽象幻想主義とも言える作風を生み出したことでアメリカのモダニズムの母とも評される。晩年まで制作を続け98歳でその生涯を終えた。

Chapter
TWO

建築編

誰もが憧れた住まいとライフスタイル

戦後まもなく、西海岸で「ケース・スタディ・ハウス」という名の実験的な住宅プログラムが始まりました。まさしく、それは『夢のカリフォルニア』。未来の住宅がライフスタイルという名で発信され、"アメリカ=豊かな国"というイメージが世界中に伝播していきました。本章では、時代の気分をつくった建築をテーマに筆を進めていこうと思います。

Eero Saarinen

エーロ・サーリネン

翼を広げた白い鳥のようなターミナル

ニューヨークのジョン・F・ケネディ国際空港は、かつて「アイドルワイルド空港」と呼ばれていたのをご存じですか? 同名のゴルフ場だった広大な土地に造られたためそう名付けられたのですが、1956年に建築家のエーロ・サーリネンにこのターミナル設計の仕事が舞い込みました。サーリネンはそれまで誰も見たことのないような未来的、かつ人々に夢を与えるような建物を生み出すためにデザインを何度も練り直し、それから約6年の歳月をかけて《TWAターミナル》を完成させました。

　まだ飛行機に乗ること自体が富裕層の特権だった時代に、4枚のコンクリート・シェルからなる曲面屋根で覆われた劇的とも言える形状を持った奇抜すぎる建物は、当時の人々を心の底から驚かせたに違いありません。この《TWAターミナル》はトランスワールド航空のターミナルビルとして建てられたわけですが、構造力学的にも美学的にも均整のとれた空港建築の傑作として、その設計者であるサーリネンの名前が一躍知れ渡ることになります。

　まさに飛び立とうとする鳥を思わせる外観はひときわ目を引き、流線的かつ優美な内装も外観にもひけをとらないほどインパクトがあり、シェルの間から光が差し込む空間は感動的なほどです。そのオーガニックな様相はアントニオ・ガウディがバルセロナの地に残したミラ邸のような流線形の空間を思わせ、飛行機の発着の場というだけでなく、当時の人々に希望に満ちた未来というものをリアルに感じさせる空間が演出されていました。

Eero Saarinen

しかし、ターミナルの完成から数十年が経つと、ジャンボジェット時代の到来により、キャパシティが足りなくなり、その用途も限られていきました。その後、複数の建築家たちによって増築が繰り返されたことで、少しずつ本来の姿から離れていったものの、元の姿に戻すべく2006年から2008年まで大規模な改修工事が行われました。そして今現在、《TWAホテル》*1 として蘇り、優雅な白い鳥を囲むように増築された建物に滞在が可能となり、サーリネンが残したミッドセンチュリー時代の象徴が現代においてより身近に体験できるようになりました。

エーロ・サーリネンはフィンランドの建築家エリエル・サーリネンの息子としてヘルシンキで生まれ、やがて13歳の時に家族でアメリカに移住し、父エリエルはミシガン州のクランブルック・アカデミーのキャンパスの設立に尽力しました。1930年代初頭にパリに短期間滞在したエーロは、やがてイェール大学で建築の学位を取得した後、ヨーロッパへの長期旅行に出かけ、そこで現地のモダニズムのスピリットをふんだんに吸収していきます。

帰国後、エリエルのオフィスで働きながらクランブルックでも教鞭を執り、そこでチャールズ・イームズ、のちにチャールズと結婚するレイ・カイザーやハリー・ベルトイア（P.28）らと出会い、彼らとともに新素材の研究と実験に明け暮れました。また、ニューヨークのMoMAが主催した「住宅家具のオーガニックデザイン」コンペでグランプリを獲得した際には、二人して8種類の家具をデザインし、その後チャールズとはロサンゼルスのイームズ・ハウス

1. TWAホテル

約3年というリノベーション期間を経て、2019年秋にラグジュアリーな宿泊施設として開業した。

『Designing TWA: Eero Saarinens Flughafenterminal in New York』
(Park Books)

パシフィック・パリセーズにある
1階建ての住宅。施主は『アー
ツ＆アーキテクチャー』誌のジョ
ョン・エンテンザで、1949年に
完成した。

3. アーウィン・ミラー邸
1953年にアメリカの実業家の
J.アーウィン・ミラーとその妻に
依頼され建てられた住居。ミラ
ーハウスの設計・施工は4年か
かり1957年に完成した。

4. チューリップチェア
椅子の形状がチューリップの花
に似ていることからこの名称が
つけられた。

の隣の敷地に《ケース・スタディ・ハウス#9》*2 を共同
設計もしました。

　1950年にエリエルが亡くなると、父の建築事務所を
引き継ぎ「エーロ・サーリネン・アンド・アソシエイツ」と
オフィスを改称し、その後の10年間は建築とデザインを
精力的にこなしていきました。その中にはインディアナ州
コロンバスに1957年にアレキサンダー・ジラードとともに
手がけた《アーウィン・ミラー邸》*3 もあり、さらにフロー
レンス・ノル(P.22)からの誘いを受けてノル社との提携を
晩年まで続けました。

　フローレンスとエーロとは兄妹のような間柄であり、若
い時からお互いをよく知っていたということもあり、ノル
社からサーリネンがデザインした家具が次々にリリースさ
れていきます。建築と同様、家具のデザインにおいてもフ
ォルムと素材の可能性を常に試していたサーリネンは、
後世に残るようなミッドセンチュリースタイルの傑作家具
を生み出していきます。そして、進歩的なスピリットをそっ
くりそのまま具体化したようなサーリネンの一連の家具
は、1950年代から60年代までのプロダクトデザインの分
野において大きな影響を与えることになっていくのです。

　1957年にデザインされた《チューリップチェア》*4 は、
家具シリーズ《ペデスタル・コレクション》の筆頭として挙
げられ、数あるミッドセンチュリー時代に生まれたプロダ
クトの中で最も有名な作品の一つです。この家具の特徴
は椅子も円卓も脚部分が1本のみで、それが床面に対

してラッパのように広がった形状を持っているところです。これは何本もある脚をもっとすっきりとまとめるために考え出されたものだったわけですが、未来の家のインテリアを描写したような映画では定番というほど頻繁に登場した椅子であるとともに、その爆発的な人気から世界で最も偽造品や類似品が出回った椅子でもありました。

《チューリップチェア》の躯体はFRPシェルでできていて、ファブリックかレザーのシートパッドが施されているため座り心地も抜群で、ダイニングチェアやデスクチェアとして様々な空間に馴染むデザインは、多くのファンに愛されました。《ペデスタル・コレクション》には、椅子の他にも《チューリップダイニングテーブル》や《サーリネンコーヒーテーブル》などがあり、それらのほとんどがノル社の看板プロダクトとして現在も当時と変わらないまま生産が続けられています。

サーリネンが手がけた家具の中でもう一つの傑作と言われているのが、フローレンスから熱心な依頼を受けて生まれた《ウームチェア》*5 です。この椅子は「子宮」というその名の通り人の身体を包み込むような、快適かつ人間工学に基づいた有機的なデザインが大きな魅力です。この椅子とペアとしてデザインされたオットマンを使うことで快適性がさらに増すのですが、これはイームズが出した《ラウンジ・チェア＆オットマン》*6 と双璧とも言えるほど機能美に満ちた傑作でした。

はばたく鳥のような《TWAターミナル》、そしてノル社か

5. ウームチェア
「Womb（子宮）」の中で守られている赤ちゃんをイメージして作られた椅子で、まさに包み込まれているような快適さを感じることができる。

6. ラウンジ・チェア＆オットマン
1956年にリリースされたプロダクトで、かつてはミニマルなデザインとは対照的に重量感と高級感に溢れ、チャールズ＆レイ・イームズは「使いこまれた野球のミットのように温かく包み込むような椅子を作りたかった」という。

らリリースされた白い家具シリーズの美しい曲線を用いた作品群は、まさに未来というものを意識させるミッドセンチュリーデザインのシンボルとなるものでした。しかしながら、主要なプロジェクトがまだ数多く残っていたにもかかわらず、サーリネンは51歳の誕生日の翌日に脳腫瘍のために亡くなってしまうのです。

　サーリネンが設計をすでに完了していたものには、セントルイスにある巨大な銀色のアーチとして知られる《ジェファーソン国立拡張記念碑》も含まれていたわけですが、サーリネンが手がけた建築と家具の傑作は、そのスピリットが継承されるかのように、今もなお人々を魅了し我々を未来へと導いてくれているのです。

エーロ・サーリネン　　　　　　　　{ 1910-1961 USA }

エリエル・サーリネンを父にヘルシンキに生まれる。13歳の時にアメリカに家族で渡り、クランブルック・アカデミーで教える父に学び、チャールズ＆レイ・イームズとも知り合う。イェール大学で建築学の学位を取得し卒業後、大学から奨学金を得て2年間をヨーロッパで過ごす。1937年に父と共同で建築設計事務所を設立し、父の死後には事務所名を改称して活動を続けた。ノル社からの家具シリーズやいくつもの建築を手がけ人気を博すも、未完のプロジェクトを残したまま脳腫瘍のため亡くなった。

Louis Kahn

ルイス・カーン

ウエスト・コーストにある世界一美しい研究所

1. ソーク研究所

カリフォルニア州サンディエゴ
近郊のラホーヤにある生物医学
系の研究所。1963年にジョナ
ス・ソークによって創設された。

『The Salk Institute: Building Block
Series』(Princeton Architectural
Press)

2. リチャーズ医学研究棟

フィラデルフィアのペンシルベニ
ア大学のキャンパスにあり、19
60年に完成した建物は中央の
棟を囲むように3棟が配され、階
段室や設備を収めるサーヴィス
コアが研究室とは分離した形と
なっているのが特徴。

　"近代建築最後の巨匠"と称されるルイス・カーンの
最高傑作が、サンディエゴ近郊のラホーヤの太平洋に
面した場所に建てられています。それが《ソーク研究
所》*1 であり、この壮麗とも言える建物はフランク・ロイ
ド・ライトの《落水荘》と肩を並べるほど有名なアメリカ
建築として知られています。

　1960年に建築が始まり1967年に完成したこの研
究所は、ポリオワクチンを発見したことで知られる細菌
学者のジョナス・ソーク博士が、カーンが手がけたペン
シルベニア大学の《リチャーズ医学研究棟》*2 に感銘
を受け、「ピカソを招いても恥ずかしくないような研究所
を造ってほしい」という大きな期待を込めてカーンに設
計を依頼しました。この時、ともに旧ロシア圏に生まれた
ユダヤ系の移民のルーツを持つ同胞意識もお互いの信
頼度をより高めたとも言われています。

　カーンはソーク博士に対して、「何か条件などあれば
先に聞いておきたいのだが」と尋ねると、それに対し博
士が出したのが、研究者たち同士のコミュニケーション
を促すこと、維持費があまりかからないこと、そして芸術
作品を飾るのに適していることを条件に挙げたそうです。
その一つひとつを考慮し出来上がった極上の建物は、
中庭を挟んで左右対称に、打ちっ放しコンクリート棟が
それぞれ45度の角度で重なり合い、正面には太平洋の
海原が映え、春分と秋分に中庭の中央に走る水路の
延長線に太陽が沈んでいくという、自然循環の摂理を
取り入れた何とも粋な計らいがされていました。

明るいコンクリートの壁にマッチするようにチーク材を使った木製サッシが視覚的にバランスよく配置され、研究者たちが研究に没頭できるようにと、彼らが居住をするための住居棟と海を望む研究室が明確に分けられたレイアウトは、まさに理想とも言える研究環境を生み出していました。ちなみに、この建物の対称性は科学的な正確さを表し、そして中央の空間は創造のための開かれた環境の象徴であると言われています。

ソーク研究所にとって最も重要で美しさを引き立てる役割を担っているのが、大海原が見渡せる空っぽの広場で、当初カーンはこの広場に何かを建造するか、あるいは庭を造ることも考えていたようなのですが、どのアイデアにも満足できず最後までどうすべきか悩んだあげく、メキシコの建築家で友人でもあったルイス・バラガン*3にアドバイスを求めたことが一つの名案を導き出すきっかけとなります。

3. ルイス・バラガン
※『芸術家たち1』に登場

この場所に立ったバラガンはカーンに向かって「ここには植物も花も土も何もいらない。水をシンボルにしこの景観を遮らない広場にすべきだ」と簡潔にアドバイスしたというのです。その明快とも言えるアイデアをすぐに気に入ったカーンは、中央に水がまっすぐ流れる水路だけを作り、それ以外には何も置かない空間とすることによって、建物と空と海とを一体化させたような劇的な空間を生みだしたのです。

ソーク研究所は、幾何学を用いた純粋なモダニズム

建築であるのですが、その一方でどこか映画に出てくる
ようなドラマチックさと未来的な美しさが感じられるのが
特徴です。さらにウエスト・コーストの自然の光と青い空
が作り出す陰影が、建築全体をより魅力的なものとして
いるわけですが、こういった自然との融合や一体感はや
はり《落水荘》を引き合いに出したくなります。

　この研究所は空や海を取り入れた壮大な総合芸術
作品という感じさえする美しさなのですが、ピカソを招いて
もいいほどの建物、つまりインスピレーションが湧き自由
な発想ができる建築を想定していたからこそ、現在もノー
ベル賞受賞者を輩出し、論文の引用度は世界でも一、
二位を争うほど理想の研究の場であり続けるのかもしれ
ません。ゆえに、半世紀経ってもその普遍的な美しさを
体験したいがために、建築ファンたちがこの "世界一美
しい研究所" を訪れるのも納得のいくところなのです。

ルイス・カーン　　　　　　　　{ 1901-1974 RUS, USA }

ロシア領だったエストニアに生まれ、アメリカで活動した建築家。ペンシルベ
ニア大学建築学科でフランス人建築家ポール・クレのもとで学ぶ。ヨーロッ
パの遺跡を巡る1年間のグランド・ツアーに出て、帰国後はクレの事務所で働
き、1935年に自身の事務所を開いた当時は低コストの公営住宅の設計を行
う。イェール大学やペンシルベニア大学で晩年まで教鞭を執り、弟子にはレ
ンゾ・ピアノ、リチャード・ロジャース、ノーマン・フォスターといった錚々たる
建築家たちがいる。

Richard Neutra

リチャード・ノイトラ

ミッドセンチュリーを象徴するガラスの邸宅

「アメリカの人々は新しい生活様式を見出したようだ。そして世界で最も豊かな南カリフォルニアは、あらゆる人が楽しむことができる、経済的で、色彩豊かで、カジュアルなライフスタイルを育てている」（『ザ・カリフォルニアン』1948年3月号）―リチャード・ノイトラ

南カリフォルニアのロサンゼルス近郊のリゾート地として知られるパーム・スプリングス*1 に、建築当時のままの状態で残されているのが、1946年に建てられた《カウフマン邸》*2 です。この建築はウィーンから移住してきたリチャード・ノイトラによって設計された "カリフォルニアモダンの代名詞" とも言われる傑作として知られています。青々とした水に満たされたプール付きのガラス張りの邸宅は、フランク・ロイド・ライトに《落水荘》の設計を依頼したエドガー・カウフマンの息子の依頼を受けて建てられたため、そう呼ばれるようになりました。

この《カウフマン邸》を設計する際、ノイトラは以下のようなメモを書き残しています。1.周囲の景観の中に建物を溶け込ませること。2.土地の条件に合わせ、窓からの眺めを取り入れ、屋根と庇が作る影を取り入れること。3. プールの水と窓ガラスの反射は、空の雲や移ろいゆく光など、自然が生み出す景観を映し出すこと。4.山の峰からの夕日が入ることで影が生まれ、また暗いエリアが明るくなるようにすること。このような構想プランを見ると、ノイトラがこの住宅を建てる前に周囲の環境のことをいかに念頭に置いていたかがわかりますね。《カウフマン邸》はモダニズムだけでなく、なんと日本の庭園からの

1. パーム・スプリングス

ロサンゼルスから約170kmの場所に位置する砂漠リゾート。1950年代くらいから、ハリウッドスターたちが別荘を建て、ゴルフなどをして過ごしたことから発展し、現在のリゾート地へと進化した。

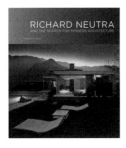

2. カウフマン邸

「砂漠の家」とも言われ、大きなガラス窓による引き違いサッシによって内外空間の連続性と開放感をもたせている。当時としてはかなり前衛的なデザインだった。

『Richard Neutra: And The Search for Modern Architecture』(Rizzoli)

インスピレーションも受けているとも言われています。確かに周囲のなだらかな山や砂漠がガラス越しに一体化して見えるところや、リビングルームから屋外のテラスとプールとがシームレスに連なり合うことで生まれる動線を計算した設計には、日本的なアイデアが内包されているように思えるのです。さらに、プールの水面の反射によって自然光を室内に取り込み、リビングルームとゲストルームを屋根付きの通路で繋ぐことで、カリフォルニアの乾いた景色と一体化させているところもこの家をより魅力的なものにしています。

　一つひとつの部屋がさまざまな活動に適応するような自由な空間になっている《カウフマン邸》は、よく"アート的"とも表現されます。そのスタイリッシュな外観に加えて、床下暖房や自然風が通り抜ける構造など実用的な快適さも保たれていたため、半世紀以上経った今も近代的な空調がなくとも快適に住むことができるという、当時から完成度がひときわ高かった建築なのです。

　ノイトラは若い時にドイツの建築事務所に入所し、その後はスイスに渡り造園を学んでいたのですが、のちに庭園デザインを行えたのもこの時の経験があったからです。そして1923年にアメリカに移住、その6年後には帰化しライトのタリアセンで働いています。退所後は大学時代からの親友だったルドルフ・シンドラー*3 から誘われ、シンドラーがロサンゼルスに建てていた邸宅で共同生活をしながら、仕事をともに行っていました。

3. ルドルフ・シンドラー
※芸術家たち1に登場

4. ロヴェル邸
1929年に完成した「健康住宅」とも呼ばれるノイトラのモダニズム建築。自然との調和の中に戻すという考え方によって造られた。

5. アーツ&アーキテクチャー
1938年から1967年まで継続して刊行された雑誌。1962年までの編集、発行人はジョン・エンテンザが行い、その後はデイヴィッド・トラヴァースに引き継がれた。

『arts & architecture』(John Entenza)

　1930年代中頃には妻ディオーネと共同で事務所を開き、すでに知名度が高かったノイトラはそれから多くの設計や家具デザインを行うようになっていきます。カリフォルニアにおいて住宅建築に工業素材を率先して使用することを早くから推奨したのがノイトラだったのですが、それを実践したのが《ロヴェル邸》*4 でした。この邸宅はアメリカにおける最初の鉄骨住宅として知られていて、ライトの影響からいち早く脱却したノイトラは、自分に染み付いたヨーロッパのモダニズムを生かした装飾性を省いた建物を造ることを目指し、それが見事に結実したのが《カウフマン邸》だったというわけです。

　ノイトラは『アーツ&アーキテクチャー』*5 のジョン・エンテンザが主催した「ケース・スタディ・ハウス」プログラムにも参加し《#6》と《#13》(この二つは設計のみ)、そして《#20》の建築設計を手がけました。また、何が目的だったのか不明なのですが、1930年前後に来日していた記録が残っていて、おそらく当時ライトが設計した《帝国ホテル》に関係していたものだったのではないかと推測されます。

　《カウフマン邸》は施主であったカウフマン・ジュニアが亡くなると、この家は買い手が付かないまま長い間放置されていました。その後、歌手のバリー・マニロウが家主になり、1993年にハリス夫妻が購入した際に、彼らは多額の資金をつぎ込みノイトラが設計した当時の姿に戻すために大規模な修復作業を行いました。その結果、今も優美なまま残されているというとても幸運に恵まれた建物なのです。

1990年代にミッドセンチュリー期の近代建築に対しての再評価の動きが起こったことがあって、シンドラーやジョン・ロートナー (P.74) が手がけた建築とともに、当然ながらノイトラのものにも注目が集まりました。ファッションデザイナーのトム・フォードがその購入者の一人だったことで、彼らの建築物の価値が軒並みに上がり、ノイトラの《ケース・スタディ・ハウス#20》が400万ドル、《シングルトン邸》においては600万ドルもの価格で売却されました。

　ノイトラの父は哲学者でありフロイトとも親交があったそうなのですが、ノイトラもこんな哲学者的な発言をしています。「建築家とは人を自然との調和の中に戻す治療者であるべきだ」と。これはバイオリアリズム *6 という建物と自然との共存思想を提唱したもので、ノイトラはその考えに基づいて建築設計を行っていたと言われています。科学や工業化の成果を生活に反映させる思想を推進していたチャールズ・イームズに対して、ノイトラは採光や動線や眺めが建築の基本と考え、合理的かつ快適な生活ができるような設計を心がけていました。その考えはノイトラの家具デザインにおいても生かされていて、家具を使う人がデザインとどのように対話をするのかに関心を持つとともに、素材も肌に触れた時の感触を最も大事にしていたというわけです。

　ノイトラは「大量生産の条件を受け入れながらも、美的な統一のとれたものを表現したい。座る、眠る、食べる、くつろぐといった生活における最も基本的な行動の

6. バイオリアリズム

自然と対抗したりするのではなく、薄い皮膜で包むといった感覚で自然に寄り添うというノイトラが提唱した哲学のようなもの。

あり方を変えたかったのだ」とも語っていて、彼がただヨーロッパのモダニズムの焼き直しを行っていたのではなく、南カリフォルニアに移り住む人々のためにより快適に暮らすための新たな方法を追求していたと考えられます。

　そうした考えを実践するためにノイトラは建築後に施主に対してアンケートを行い、それぞれのライフスタイルに合わせて、生活に本当に必要なものを見極めながら設計に反映させるという姿勢を貫いていました。「住宅とはその土地に根ざしたプロダクトであるべきだ」という考えから、カリフォルニアという地域的アイデンティティを明快に表現するスタイルを打ち出していたからこそ、この建築家は他に例を見ないような新しい建築を提示することができたというわけです。

リチャード・ノイトラ　　　　　{ 1892 – 1970 AUT, USA }

ウィーンのユダヤ系の家に生まれる。ウィーン工科大学に入学し建築を学び、その後アメリカに移住し1929年に帰化。フランク・ロイド・ライトの下で働いた後にロサンゼルスを拠点とする。1932年のMoMAで行われた「国際近代建築展」に出展。「ケース・スタディ・ハウス」にも参加し#6、#13、#20を手がけた。本文に登場する《カウフマン邸》は35,000ドルで建てられ、オーナーが何人も変わったが今もオリジナルに近い状態で保存されている。

John Lautner

ジョン・ロートナー

未来的な建物で知られるライトの弟子

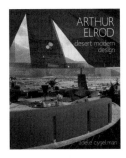

1. エルロッド・ハウス

パーム・スプリングスに今も建つ
邸宅で、『007 ダイヤモンドは永
遠に』のウィラード・ホワイトの
邸宅として使われ、リビングルー
ム、スイミングプールなどが映画
に登場した。

『Arthur Elrod: Desert Modern Design』
(Gibbs Smith)

ジョン・ロートナーが手がけた建築は、実はハリウッド
映画によく使われてきたので見覚えがある方もいるかも
しれません。コーエン兄弟の『ビッグ・リボウスキ』の巨
大なコンクリート板の屋根が斜めになっている邸宅、ジ
ェームス・ボンド映画『007 ダイヤモンドは永遠に』の中
で登場する放射状に伸びる巨大なビーチパラソルのよう
な天井の《エルロッド・ハウス》*1 がその一例です。

ミッドセンチュリーにまつわる話に必ずといっていいほ
ど出てくる言葉に「レトロフューチャー」というのがありま
す。これは19世紀後期から20世紀中期、つまりミッド
センチュリーの頃までの人々が描いていた未来像を指し
た表現であったのですが、この言葉のニュアンスがそっく
りそのまま当てはまる建築が、このロートナーなのではな
いかと個人的には思っています。

そのロートナーが生涯にわたって絶対的な師匠と仰
いでいたのがフランク・ロイド・ライトでした。大学で哲学、
文学、芸術、建築を学んでいた彼は、在学中の1933年
にライトの自伝を読み感銘してしまい、いてもたってもい
られず「見習いでも何でもいいから雇ってほしい」とライ
トに懇願し、それから6年間現場で学びながら建築家と
しての修業を積んでいきました。実はそんなロートナーが
建築と出会ったのは彼がまだ10代の頃であり、北米の
五大湖の一つであるスペリオル湖を見下ろす岩の上に
自分の家族とともに建てた「ミッドガルド」と名付けたキ
ャビンが初めての建築体験でした。

John Lautner

ノルウェーの山小屋にヒントを得たというこの丸太小屋建築を通して培われた経験は、ライトの教えによってさらに深められ、有機的と称されるロートナーの建築スタイルを形づくっていくことになっていきます。それが最初に具体化されたのが、1940年にロサンゼルスのシルバーレイクに建てたレッドウッドとコンクリートを使って建てた《ロートナー自邸》であり、この家はライトのユソニアン住宅のアイデアを反映させた設計となっていたのですが、当時のアメリカの建築界から注目を浴びるのに十分すぎるほどのインパクトがありました。

それからのロートナーは、個人邸、学校、オフィス、教会、劇場を含む約200の建物の設計を手がけていくわけですが、大半はロサンゼルス市内とパーム・スプリングスに限られていました。個人住宅の設計が得意で、代表的なものに《シーツ ゴールドスタイン邸》*2や《ボブ・ホープ邸》*3 などがあり、ジュリアス・シュルマン（P.96）が撮ったロートナーの建築が、様々な媒体に掲載されたことでミッドセンチュリーを象徴するような建築家として世界中に知られることとなります。

数あるロートナーの傑作の中でも、もし一つ挙げるとするならば個人的には《ケモスフィア》*4 となるでしょうか。まるで宙に浮いたような鋼鉄と木材でできた八角形の家は、構造的な機能も兼ね備えた屋外テラスと、屋根部分が木材を湾曲させたフレームで支えられています。南側に4つのベッドルームとバスルーム、そして北側にはリビングルーム、キッチン、ダイニングエリアがあり、部屋

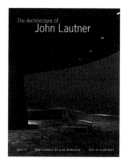

2. シーツ ゴールドスタイン邸
1962年から1963年にかけてロサンゼルスのビバリークレストに建てられた。丘の中腹の砂岩の岩棚に組み込まれ、大きな斜めに傾いた屋根が特徴でまるで洞窟のような設計になっていた。
『The Architecture of John Lautner』
（Universe）

3. ボブ・ホープ邸
パーム・スプリングスにあり、有名なコメディアンとして知られるボブ・ホープのために建てられ、1980年に完成。中央の大きなライトシャフトを備えた三角形の屋根で有名。

4. ケモスフィア

ハリウッドヒルズのサンフェルナンドバレー側、マルホランドドライブのすぐそばに建てられ、約30フィート（9m）の鉄筋コンクリート柱に支えられた八角形の建物。

『John Lautner: 1911-1994: Disappearing Space』(Taschen America Llc)

からは素晴らしい景色を遮るものがない連続窓を通し、くつろぎながら眺めることができるばかりか、屋根の中央に天窓があり、そこから自然光が燦々と入るようになっていました。

この家のように、ロートナーが手がけた建築はコンクリートとともに木や岩を用いることによって自然のぬくもりを感じさせつつ、曲線のフォルムを取り入れることによって、より未来的な印象を強調したような造りになっていました。レトロフューチャーという言葉に込められた思いに、希望に満ちた未来を思い描いた時代への憧れがあったとするならば、ロートナーの作品はまさにそのものであり、そんな現実離れしたような邸宅がハリウッド映画に何度も登場することになるのも当然のことでもあったのかもしれませんね。

ジョン・ロートナー　　　　　　　　{ 1911-1994 USA }

ミシガン州マルケットで生まれ、最初の建築体験は母親が設計した湖畔のキャビンだった。大学時代にフランク・ロイド・ライトの自伝を読んだことで、ライトの見習いプログラムに参加。それから1939年までウィスコンシンとアリゾナのライトのタリアセンで働く。1937年にロサンゼルスに移り、その翌年に建てた自邸が話題となり、その後はカリフォルニアを拠点として多くの住宅設計を行った。1984年のロサンゼルス・オリンピックの時の建築家としても知られる。

　　　　　　　　　　　　　　　　John Lautner

Paul Laszlo

ポール・ラースロー

ヨーロッパのモダニズムを持ち込んだデザイナー

第二次世界大戦前および戦中にかけて、ヨーロッパからカリフォルニアに移り住んだ建築家やデザイナーたちは、戦争時に開発された革新的な技術や素材を使ったプロダクトや住宅への需要の高まりを受け、急成長していくロサンゼルスの変化を目の当たりにしました。早くからこの地で活躍していたウィーン出身のルドルフ・シンドラーやリチャード・ノイトラ(P.68)は、ヨーロッパのモダニズム様式を温暖な気候やくつろいだライフスタイルに融合させることで、カリフォルニア独自のモダニズムを導き出すことに至ったわけですが、そのような手法はここで紹介するポール・ラースローにもそのまま当てはまります。

　ポール・ラースローはハンガリーのデブレツェンに生まれ、ドイツで建築を短期間学んだ後にケルンで修業を始めました。1924年にウィーンで事務所を設立し、のちにモダニズム運動の中心の街だったドイツのシュトゥットガルトに向かうも、自身がユダヤ系だったこともあってアメリカへ移住することを決心。そして、ニューヨークから車で大陸横断して西海岸へと走り続けました。この時、ニューヨークではなくあえてロサンゼルスを目指したのは、子供の頃に読んだ本に「あの街は好機が約束された場所だ」と書かれていたのを覚えていたからでした。

　大陸横断を終えた当時のラースローに関してこんな記述があります。「ロサンゼルスに到着すると、その日のうちにビバリーヒルズにアパートを借り、ハリウッドの有名なたまり場であったブラウン・ダービーで昼食をとった。それからビバリーヒルズ・テニス・クラブのメンバーになり、そ

の後わずか14週間のうちに高級百貨店バロックス・ウィルシャー*1 の改装を手掛け、それをなんなく完成させてしまった」（『カリフォルニア・デザイン1930-1965 ── モダン・リヴィングの起源』P.91）と。

　英語がほとんど話せなかったために、クライアントも初めはヨーロッパからの移民ばかりでしたが、アメリカ社会に一刻も早く溶け込むべく英語のみを使うことにし、気品と洗練されたデザインが売りだったラースローの評判は次第に広まっていきます。どこかハンス・アルプ*2 やジョアン・ミロ*3 の絵や彫刻を思わせる遊び心のあるモチーフと上質の素材を使った心地のよさそうな家具、そしてモダンにレイアウトした魅力あるインテリアデザインを打ち出したことで、1930年代後半になるとラースローはハリウッドのセレブリティたちの間で人気デザイナーになっていきました。

　大胆で明るい色彩に花柄のファブリックといった伝統的な装飾を加えてみたり、木材の持つ自然のテクスチャーに幾何学的なラインを組み合わせたりと、その豊かな発想は当時のアメリカ人たちにはとても新鮮だったはずです。当時のラースローの賞賛者の一人にジョージ・ネルソンがいるのですが、ネルソンは「質素さとは無縁の嗜好で、彼のクライアントも豪華なものを好んではいたが、独特のテイストによって古いものと新しいものをバランスよく融合しようとしていた」とラースローの並外れたセンスを高く評価していました。

1. バロックス・ウィルシャー

ロサンゼルスのウィルシャー・ブルーバードにアールデコ様式の高級デパートとして1929年にオープンした。現在はサウス・ウェスターン・ロースクールが所有している。

2. ハンス・アルプ

アルザス地方の首府ストラスブール出身の彫刻家、画家、詩人。1912年ドイツ表現派「青騎士」に参加。1916年トリスタン・ツァラらとダダの運動を展開し、さらにマックス・エルンストとケルンでダダの運動を展開した。

『The Art of Jean Arp』
（Harry N.Abrams）

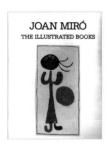

3. ジョアン・ミロ
スペインのバルセロナ出身の画家、彫刻家、陶芸家。具象と抽象の間をいくような独特な画風が知られる。 一般的にはオートマティスム系のシュルレアリスム作家と解釈されている。

『Joan Miro the Illustrated Books』(Alan Wofsy Fine Arts)

また、ラースローは1948年にネルソンとイームズ、そしてイサム・ノグチとともにハーマンミラー社に関わっていた時期があり、彼がいた頃のハーマンミラー社は、それまで製造されてきた歴代の家具と比べても最も革新的だったと高く評価されています。やがて自身のデザインスタジオを開設するべく同社を去り、クライアントのニーズに合わせるようにして柔軟なスタイルを打ち出していきました。

カリフォルニアの人々の住み心地をよりよくするために、常に時代より一歩先を行くようなモダンなスタイルを定着させることを念頭に置いていたと語っていたラースローは、晩年まで高いレベルでの仕事を続けました。その結果、アメリカ国内において20世紀で最も重要で影響力のある建築家、およびデザイナーの一人とも見なされているのです。

ポール・ラースロー　　　　　　{ 1900-1993 HUN, USA }

ハンガリーのデブレツェンに生まれたが、二人の姉妹と両親はホロコーストによって亡くす。ウィーンで学んだ後、シュトゥットガルトに移りデザイナーとしての地位を確立。1936年にアメリカへ渡り、車で大陸横断をしてロサンゼルスに向かう。自身のデザインスタジオを開設し、ヨーロッパ仕込みの豪華でモダンなテイストによるインテリアが人気を呼ぶ。建築家としても1940年代後半までにケーリー・グラント、エリザベス・テイラー、ロナルド・レーガンらの邸宅を設計するなど晩年にいたるまで現役を貫いた。

　　　　　　Paul Laszlo

Greta Magnusson Grossman

グレタ・マグヌソン・グロスマン

スカンジナビアデザインを取り入れた女性デザイナー

スウェーデン生まれのグレタ・マグヌソン・グロスマンは、20世紀半ばにロサンゼルスを拠点としながら家具デザイナー、インテリアデザイナー、建築家として活躍しました。ストックホルムから1930年代にアメリカに移住し、ロサンゼルスの建築とデザイン界における傑出した女性デザイナーとしてその名が知られ、『アーツ&アーキテクチャー』誌でも常連といっていいほど高い人気を誇っていました。

故郷であったヘルシンボリで1年間の木工修業を経験したグロスマンは、ストックホルムの芸術学校で家具、テキスタイル、セラミックを学びました。1933年には「ストックホルム・クラフト協会展」の家具デザイン部門で女性として初めて銀賞を受賞。その翌年にはスウェーデン工業デザイン協会より得た奨学金でヨーロッパ留学し、その経験をストックホルムの新聞に寄稿していたという才女でもありました。

1933年、大学の同期生とワークショップを兼ねた家具店をオープンさせるや、彼女の個性的な家具はすぐにメディアの注目を集め、ショップを運営する傍ら、スウェーデン国立芸術工芸デザイン大学で建築学の学位を修得しています。イギリス人のジャズミュージシャンでありバンドリーダーだったビリー・グロスマンと結婚したことが契機となり、第二次世界大戦の最中に夫妻はロサンゼルスに移住。ロデオドライブ *1 にスタジオを開設し、彼らはその地に永住することになりました。

1. ロデオドライブ

高級住宅地として知られるビバリーヒルズの中にあるショッピングストリート。北はサンタモニカ・ブルーバードから南はウィルシャー・ブルーバードまでの約4ブロック（約500m）にショップやギャラリー、レストランなどが軒を連ねている。

グロスマンは自分がスカンジナビア出身のデザイナーであることを効果的に宣伝として活用していたようで、北欧の長い伝統に裏付けられた洗練されたデザイナーという期待感をクライアントに持たせたと言われています。事実、彼女は家具職人の多い家系で育ったばかりか、家具デザインだけでなくテキスタイルや建築も学んでいたということもあって、新素材を用いた実験的な制作ばかりに気をとられていた同時代のアメリカのデザイナーたちにはなかった、実用的な北欧テイストをカリフォルニアにおいていかんなく発揮できたのでしょう。

家具と照明を専門にした「スウェデッシュモダン家具」と銘打ったショップでは、主に天然の木材や編んだ紐や籐などを販売。北欧とカリフォルニアの風土とを組み合わせたグロスマンのプロダクトは装飾が控えめでありながら、そのフォルムとクールなシルエットは、ロサンゼルスの当時の進歩的な建築からアイデアを反映させたようなデザインで際立っていました。そしてその評判からグレタ・ガルボやイングリッド・バーグマンといった同郷のハリウッド映画の大スターたちからも仕事が舞い込むようになっていきます。

1952年からは地元の家具メーカーと組んで《ウィルシャー・グループ》*2 というオリジナルシリーズをリリース。上品なツイードを張ったソファや金属脚のアームチェアは、触り心地の良さとともにオーガニックな要素が反映されていました。インテリアデザインに関しては、レッドウッドやマホガニーを使ったパネルや、金属やガラスを使っ

2. ウィルシャー・グループ
カリフォルニアの家具メーカーMartinBrattrudとのコラボレーションの一環で家具シリーズを発表、他にも「パリセイズ・グループ」というシリーズもあった。
『CALIFORNIA DESIGN, 1930-1965: LIVING THE MODERN WAY』（MIT Press）

てコントラストを生み出し、それをクラシックな石の暖炉
と組み合わせるなど、モダンと伝統的な素材を巧みに融
合させました。

　グロスマンのそのようなアプローチの背景には、モダン
な様式に一変させるのではなく、住み慣れた家の中にお
いてほどよくモダンな要素を取り入れるという北欧人的
な考えがあったからです。彼女は木工技術や伝統的な
技とカリフォルニアのライフスタイルや文化を融合させる
ように、ヴィンテージ・テイストを掛け合わせたような家具
を制作しています。当時のグロスマンはユーモアを込め
て自分が手がけた家具を “ノルウェー風” と表現してい
たそうですが、そこにはスウェーデンのモダニズム精神に
支えられたプライドと、アメリカに溶け込むための彼女な
りの忖度が込められていたのかもしれませんね。

グレタ・マグヌソン・グロスマン 〔1906-1999 SWE,USA〕

スウェーデンの代々家具職人の家に生まれ、ストックホルムのコンストファック
で建築も学ぶ。1940年にジャズミュージシャンの夫とともにロサンゼルス
に移り住み、スタジオを構え自身のショップをオープンするとハリウッドの映
画スターや上顧客たちを魅了する。北欧テイストの家具や照明デザインだけ
でなく2軒の《自邸》を設計するなど建築も行っていた。 2010年にストック
ホルムで大規模な展覧会が開催され、その2年後にはパサデナで初の回顧
展が行われた。

Albert Frey

アルバート・フレイ

アメリカに渡ったル・コルビュジエ直系の建築家

前川國男とシャルロット・ペリアン*1 と同時期にル・コルビュジエ事務所*2 で働いていたのが、アルバート・フレイというチューリッヒ生まれの建築家です。ル・コルビュジエと同じスイスの出身であったフレイは、実践的な仕事をル・コルビュジエから学ぶとともに、デ・ステイルやバウハウスからモダニズム建築のエッセンスを吸収し、単身アメリカに渡った後は長きにわたってロサンゼルスを拠点として活躍しました。

フレイは1924年にスイスの工科大学で伝統的な建築構造の訓練を受けるも、卒業証書を受け取る前にチューリッヒの建築家に弟子入りをし、そして1928年からはル・コルビュジエとピエール・ジャンヌレの下で、《サヴォア邸》を含む重要なプロジェクトに関わりました。そういった経緯もあって、フレイはル・コルビュジエと直接仕事をした経験を持つ貴重な建築家としてアメリカで知られるようになっていくのです。

そして、『アーキテクチュラル・レコード』誌の編集長であったA・ローレンス・コッカーと1931年に共同設計した《アルミネア・ハウス》*3 によって、フレイの名前は一気に知られることとなります。この家は当時急増しつつあった中産階級向けの低価格住宅の提供を目的として設計されていました。ちょうどその頃、ロサンゼルス郊外のリゾート地として栄え始めていたパーム・スプリングスでの仕事を得たことがきっかけとなり、カリフォルニアへと移住したことは彼のキャリアにとって大きな転換点となります。

Albert Frey

もともと温暖な気候で知られるパーム・スプリングスは、冬の寒さを逃れてやって来るハリウッドスターや富裕層に人気のリゾートとなっていて、移り住む住民たちも新しい様式の建築に対して寛容でした。そのためリチャード・ノイトラ(P.68)やジョン・ロートナー (P.74)らによって数々の住宅や公共施設が競って建てられたのですが、砂漠環境を熟知していたフレイにとっては絶好の機会となり、自らそこに住みながら数多くの住宅設計を手がけるようになっていったのです。しかもフレイの建築がすごかったのは、砂漠や岩がごろごろしている赤茶けた丘の麓の小さな敷地に、何事もなかったかのように平然と住居を建てていたところでした。

周囲の風景に色彩的にもよく馴染んだフレイの建物は、代表作《トラムウェイ・ガソリンスタンド》*4 のように今現在も使用されているものも多く、それは彼の設計デザインが耐久性に優れていたばかりか、いかに地元住人たちに愛されてきたかということの証しでもあります。ル・コルビュジエの影響を受けたモダニズム哲学を取り入れながら、カスタム住宅から公共の建物までを手がけていったフレイは、パーム・スプリングスを革新的かつ進歩的な近代建築の宝庫として知らしめる立役者と言われるまでになります。

長年、砂漠気候においての建物を手がけていく中、フレイは新しい素材や砂漠の気候条件について実験を重ねていき、それを結集させたのが1964年に完成した《フレイ・ハウス 2》*5 と呼ばれる自邸です。町の中心部

4. トラムウェイ・ガソリンスタンド
1965年に建てられた独特の片持ち式のくさび形の天蓋を持つ建物。現在はパーム・スプリングス観光局のパーム・スプリングスビジターセンターとして使われている。

5. フレイ・ハウス 2
フレイの2番目の自邸でターキッツ・キャニオンウェイの西端の丘の中腹に岩に挟まるように建てられている。

『Albert Frey, Architect』(Princeton Architectural Press)

から離れた小高い斜面の岩場に建てられたこの細長の建物は、巨大な花崗岩の石塊をそのまま室内に取り込み、トタンでできた屋根のさびた風合いをそのまま周囲に同化させています。土地の傾斜に合わせた階段のような合理的な作り、そして午後の日差しが照りつける西側は厚いコンクリート壁を施すなど、砂漠の厳しい気候条件に適応するような構造になっていました。

6. 小さな家
ル・コルビュジエが1923年から1924年にかけて両親のために設計した、スイスのレマン湖を見渡せる湖畔に建てられたパノラマの水平窓を持つ家。

　フレイのこの家の写真を見たときに真っ先に思い浮かんだのが、ル・コルビュジエが両親のために建てたレマン湖畔の《小さな家》*6 でした。横に延びる水平窓や細長の構造、そしてそのコンパクトさもどことなく似ているのです。アメリカ独自の環境条件を踏まえ、ル・コルビュジエ仕込みのモダニズム様式を取り入れながら、その地域に根ざした独自の建築様式を生み出した建築家こそ、このアルバート・フレイであったのです。

アルバート・フレイ　　　　　　　　{ 1903-1998 CHE, USA }

1928年からル・コルビュジエ事務所で前川國男やシャルロット・ペリアンとともに働き、サヴォア邸など主要なプロジェクトに関わる。アメリカに渡りニューヨーク時代はMoMAで働いたこともあった。西海岸に移住後、1950年代からリゾート地として知られるパーム・スプリングスを拠点とし、アメリカのモダニズム建築様式を確立したことで知られる建築家である。建造する前に何ヵ月もかけて敷地を綿密に調査し、太陽の動きや岩場の露出ぐあい、遠景の見え方などを研究していたことで知られる。

Pierre Koenig

ピエール・コーニッグ

ロサンゼルスを見渡すケース・スタディ・ハウス

第二次世界大戦中の防衛産業の発展に伴い、大量の労働者たちが全米各地から流入し始めたロサンゼルスでは、戦後になると極端な住宅不足が起こったため、ローコストでできるだけ効率よく造れる住宅建設の需要が一気に高まりました。それを受けて『アーツ&アーキテクチャー』誌がスポンサーとなり、当時の才能ある若手建築家たちにより実験的な建築を提案したのが、後世に語り継がれることになる「ケース・スタディ・ハウス」*1と呼ばれるプログラムでした。

このプログラムは、気鋭の建築家たちが複製可能な実験的住宅の革新的なアイデアを出し、応募してきた読者がその案に基づき、ローコストで自分の新居を建てるというものでした。プロジェクトの進捗は、約2年間にわたり継続的に誌面で紹介されていったわけですが、コンクリートやガラスやシェル構造などを使った実験住宅のショーケースとして、あるいは戦後におけるロサンゼルスの戸建住宅のあり方を明快に示すものとして大きな話題となりました。

合理的で効率的なモデル住宅を順に掲載したこの連載は、1945年1月にスタート。その多くが郊外の広めの敷地や労働者の居住地区に建てられることを前提とし、工業資材だけを使ったシンプルで軽やかな形状であったのが大きな特徴でした。また、新しいモダンリビングを啓蒙するためのプロジェクトとしての意味合いもあり、ハーマンミラー社やノル社などのデザイナー家具といったモダンな家具に馴染むような設計やプラニングが行われました。

1. ケース・スタディ・ハウス

1945年から1966年にわたって行われた住宅建築における実験的プログラム。

Pierre Koenig

ケース・スタディ・ハウスへ特に課されたのは安価な資材を使うことであり、例えば、ベニヤ板やシートメタルやメゾナイトといった映画産業や舞台セットなどで使われていた資材や、建設期間を極力短くするためにユニットシステム、つまり一般的に言うプレハブ住宅に適した建築設計というのが、このプログラムの基準として設定されました。

他の都市における同じ時代のモダニズム住宅が、わりと似通った集合住宅か富裕層のための豪奢な邸宅だったのに比べて、ロサンゼルスで展開されたこの画期的なプログラムは創意と工夫に満ち、しかも短期間で何千という戸建が建てられることも可能にしました。また、ケース・スタディ・ハウスでは収入レベルやニーズに合わせサイズもまちまちだったため、街の中心地ではなくそれまでどちらかと言えば建築に不向きとされていた山の傾斜地や荒涼とした砂漠のような土地にも続々と建設されていきました。

『アーツ＆アーキテクチャー』の発行人だったジョン・エンテンザからの招請に応じた建築家たちの名前を挙げると、チャールズ＆レイ・イームズ、エーロ・サーリネン（P.58）、リチャード・ノイトラ（P.68）、ピエール・コーニッグ（P.90）、クレイグ・エルウッド＊2 といった才能豊かな錚々たる建築家たちであり、太陽の光に照らされた温暖な気候の中に建てられた実験住宅は、ミッドセンチュリー時代のアメリカ近代建築を語る上で外せないものとなっていきました。

CRAIG ELLWOOD

2. クレイグ・エルウッド
正式な建築教育を受けていないにもかかわらず、《ケース・スタディ・ハウス#16ザルツマン邸》、《#17ホフマン邸》、《#18フィールズ邸》など、ロサンゼルスを中心にモダニズム建築の傑作を数多く残した。

『Craig Ellwood. Architecture』
(Hennessey & Ingalls)

「ケース・スタディ・ハウス」には全部で#01から#28まであったものの、中には設計図やプランのみで未建築のものも複数ありました。実際に建てられたものの中で最も有名なのが《#8》であり、それがイームズ夫妻のアトリエ兼住居として知られる《イームズ・ハウス》です。この家のことは『芸術家たち 1』でも触れましたが、その特徴ある建物には工業用スチールやガラスが主に使われ、オープンスペースの開放的な室内空間も天井が高く光が溢れ、屋外との境界をほとんど感じさせないような魅力的な造りになっていました。

そのイームズ邸と並ぶ有名なケース・スタディ・ハウスとして知られ、1960年に《#22》として建てられたのが《スタール邸》*3 であり、ロサンゼルスの街を一望できる高台に建ち、現実離れした映画のセットのような邸宅として知られています。この家の持ち主となるスタール夫妻は、1954年に 13,500ドルで土地購入していたものの、その危なっかしい場所が家を建てる時に困難になるだろうという大きな問題を抱えていました。

なぜそのような土地を夫妻が購入したかというと、景観はひときわ素晴らしかったもののそれほどお金に余裕がなかったため、このような土地しか買えなかったのです。しかも土地代に用意していた自己資金をほぼ使ってしまったため、家を建てるにも建築家を雇える余裕などもなく、週末を使い自分たちで土地を地道にならし、コンクリートを敷くくらいしかできなかったと言います。

3. スタール邸
ビバリーヒルズの丘の上、ロサンゼルスを一望する高台に建ち、一般公開され、予約をすれば内部を見学できる。

『Pierre Koenig 1925-2004: Living With Steel』(Taschen America Llc)

それから数年が経った1957年に、当時32歳のまだ無名に等しい若き建築家であったピエール・コーニッグとこのプログラムを通じて知り合ったことで、待ちに待った建築作業がとうとう始まります。土地代の約3倍の資金をかけて、1959年に完成したスタール夫妻にとってのマイホームは、眼前に270度にも及ぶロサンゼルスのパノラマが広がるという何ともドラマチックなものでした。コーニッグはこの家を設計する前に、《#21》となる《ベイリー邸》*4 を設計していたのですが、この特殊な立地を踏まえて彼が出した妙案が、カンチレバー*5 構造によって崖から突き出たガラス張りの邸宅でした。

大きなガラス窓に囲まれた建物は外部の眺めと連続し、屋外には真っ青なカリフォルニアの空を反射するプールが作られました。丘から突き出した部分のリビングルームとダイニングルームには、強い日差しを遮るための深い庇が設けられていて、それが室内の空間を実際以上に広く見せる効果を生んでいます。そして、キッチンは両側のガラス面との間に通路スペースをとることで、どちらからも行き来できるようにし、その奥には洗濯機とバスルームとクローゼットを集約させました。

L字型となるもう片側のウィングには、主寝室と子供部屋を二つ並べてレイアウト。どの部屋もプールに面しているため、室内のどこにいても明るく涼しげな空間が広がります。一方、道路側に面した裏側は簡素な鉄製の壁だけという極端なほどのシンプルさで、さらにこの建物には玄関や廊下というものがなく、プールサイドからそ

4. ベイリー邸

心理学者ウォルター・ベイリーから依頼され、ハリウッドヒルズに建てられた鉄骨のモダニズム様式の家で1959年に完成した。アーツ&アーキテクチャー誌には「子供がいないカジュアルなライフスタイルの現代志向のカップルの家」として紹介された。

5. カンチレバー

一端が固定支持されていて、もう一方が自由な状態にある梁のこと。片持ち梁とも呼ばれる。

れぞれの部屋に出入りできるようにするなど、機能性を最優先した合理的な設計が施されました。限られた予算とスペースが生んだ逆転の発想によって生まれたこの邸宅は、半世紀経った今でも実際まったく色褪せていません。

6. 数々の映画
この家が使われた映画に『コリーナ、コリーナ』(1994)、『ギャラクシー・クエスト』(1999)、『13F』(1999) などがある。

　建築写真家のジュリアス・シュルマン (P.96) の最も有名な写真が、この《スタール邸》のリビングルームに静かに佇む白いドレス姿の二人の白人女性を撮った作品なのですが、その決定的とも言える写真によってこの家は一躍注目を集めることになります。その後も数々の映画 *6 やテレビ番組、またはファッション雑誌などにもフィーチャーされ、豊かなロサンゼルスのライフスタイルを象徴するアイコンとなっていきました。そして、何よりも一介の庶民の夢を若き建築家が叶えてくれた "ドリームハウス" だったというストーリーが、この崖の上の邸宅をより魅力的なものにしているのです。

ピエール・コーニッグ　　　　　　{ 1925 – 2004 USA }

サンフランシスコに生まれ、幼少期から港に停泊している船などの鉄製の構造物に強い関心を示す。1952年に南カリフォルニア大学にて建築学の学位を取得する以前から、ラファエル・ソリアーノなどの建築事務所で見習いとして経験を積む。大学在学中にガラスと鉄からなる最初の作品《自邸》を手がける。卒業後は西海岸を主な活躍の場とし、鉄骨造の住宅を多く手がけ、ケース・スタディ・ハウスにも参加した。母校である南カリフォルニア大学をはじめ各地で教鞭を執り多くの講演も行った。

　　　　　　　　　　　　　　　　Pierre Koenig

Julius Shulman

ジュリアス・シュルマン

ケース・スタディ・ハウスを世界に伝えた写真家

ミッドセンチュリーモダンや「ケース・スタディ・ハウス」を世界中に広めるのに大きな役割を果たしたのが、ジュリアス・シュルマンが撮った建築写真の数々でした。もしシュルマンの写真がなかったならば、ロサンゼルスで続々と生まれていた先進的な建築はそれほど認知されることも、理解されることもなかったとぼくは思っています。それほどこの写真家が撮ったものは、ミッドセンチュリーハウスの魅力を最大限に引き出しただけでなく、建築写真の分野において新しいアプローチの仕方というのを示してくれたのです。

シュルマンは1940年代後半より、ロサンゼルスとニューヨークにおいて、当時最先端と謳われたモダニズム建築を、周到に計算されたライティングと研ぎ澄まされた感性で撮影していたのですが、そもそも彼がそのような芸術性の高い建築写真を撮るようになったのは、リチャード・ノイトラ(P.68)が設計した建築物を撮ったことがきっかけでした。ハリウッドにあったノイトラが手がけた個人邸 *1 をコダックのコンパクト・カメラで撮ったものをノイトラがとても気に入り、正式に仕事として撮影を依頼したことで、シュルマンはプロの建築写真家としての一歩を踏み出すことになるのです。

シュルマンの作品で最も知られているのが、このすぐ前で書いたピエール・コーニッグ(P.90)が設計した《スタール邸》であり、ビバリーヒルズに建てられたプール付きの驚きに満ちた住居を、シュルマンは昼と夜に分けて様々な角度から撮り下ろしました。そのうちの二人の女性

1. ノイトラが手がけた個人邸
ノイトラが設計した1936年に完成した《クン邸》のこと。その家をベスト・ポケット・コダック・カメラで撮りノイトラから気に入られたため仕事に恵まれた。

モデルを使った劇的なモノクロ写真 *2 は、一目見れば忘れられなくなるほど印象的な写真であり、当時の建築誌やグラビア誌などにその写真が掲載されたことで瞬く間に注目を集めていくことになります。

　他にも、自宅のリビングでくつろぐイームズ夫妻を撮った1枚は、《#8》の内装とともにその設計者であった二人の日常的なライフスタイルを余すところなく伝えています。また、建物とプールと背景をそれぞれに露出時間を変えて45分もかけて撮られたノイトラの《カウフマン邸》は、建物だけでなく時代の空気感をも伝えるような写真によって、ミッドセンチュリーハウスの魅力を最大限に引き出すとともに、広く一般的に知らしめるきっかけをつくりました。

　「建築物に敬意を払い可能な限り最良の条件で撮る」ということをシュルマンは撮影時のポリシーとしながら、綿密にストロボを配置し大判カメラを使うことで建物のディテールまで鮮明に写しました。室内撮影においても、間接ライトやスポットライトなどの補助光を使い、空間が自然に感じられるような細やかな工夫を施していたのですが、その完成度の高さはまさに神業としか思えません。

　シュルマンは建物が建てられた場所の重要さを見る者に理解させるように、構図が正確であることに加えて、建てられた時代背景や建築家たちのアイデアをそこに反映させようとしていたと言います。その絶妙な明暗によ

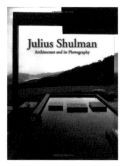

2. 劇的なモノクロ写真

テクノロジーによる明るい未来を象徴した写真として知られるが、シュルマンは「たまたま外に出たら素晴らしい光景だったので、あわててカメラをプールの脇において撮った」とこの撮影時のことを回想している。

『Julius Shulman: Architecture and Its Photography』(Taschen America Llc)

って表現された世界観から高い芸術性が感じられ、写真に人がまったく写り込んでいないものでも、不思議と人の気配が感じられるというのもシュルマンのマジックでした。

「建築写真であっても独立した芸術形式と見なさなければならない」と提唱していたと言われているシュルマンの写真*3 は、その言葉通り今や美術館やコレクターによってアート写真としてコレクションの対象となっています。ミッドセンチュリーの時代からすでに半世紀以上も経ち、残念なことにそのうちの多くがすでに取り壊されてしまい、今やシュルマンの写真によってのみ当時の様子を知ることのできる事例が多くなってきました。そのことは建築ファンとしてとても寂しく感じるわけですが、それゆえにカリフォルニアの光り輝いていたマジカルな時代へとタイムスリップさせてくれるシュルマンの写真へのありがたみをさらに感じてしまうのです。

ジュリアス・シュルマン　　　{ 1910 - 2009 USA }

ケース・スタディ・ハウスに代表されるカリフォルニアのモダニズム建築の数々を記録したことで有名な建築写真家。ブルックリンで生まれ、ロサンゼルスに移ってから建築写真の世界に入る。借りてきた家具や小物を入念に設置するなど、入念なセッテイング後に撮影をしていたことで知られる。建築批評家のエスター・マッコイとのコンビによって、様々な媒体を通じてモダニズム建築の傑作を世界中に知らしめた。1980年代後半にいったんは引退宣言をするも、晩年に復帰し98歳で没するまで先端建築を追いかけ続けた。

Chapter
THREE

アート・グラフィックデザイン編

ヴィジュアルが作り上げた豊かな世界

大量生産・大量消費が奨励され、未曾有の好景気に沸いたミッドセンチュリー期のアメリカ。経済の発展は広告産業だけでなく、映画や音楽といったカルチャーにも多大な影響を与えました。グラフィックデザインから現代アートまで、当時のアメリカの世界観はどうやって可視化されていったのか? 最終章では、稀代の芸術家たちを紹介していきます。

Saul Bass

ソール・バス

映画界における革新的デザイナー

JAMES STEWART
KIM NOVAK
IN ALFRED HITCHCOCKS MASTERPIECE
'VERTIGO'

めまい

DVD
VIDEO

UNIVERSAL

1. めまい
1958年に公開された、ジェームズ・ステュアートとキム・ノヴァクが主演した高所恐怖症をテーマにした心理サスペンス。

『めまい』 DVD:1,980円＋税 発売元:NBCユニバーサル・エンターテイメントジャパン※ 2020年10月の情報です。

2. サイコ
アルフレッド・ヒッチコックによるサイコ・スリラー系のサスペンス映画で、アンソニー・パーキンスが精神を病んだ青年ノーマン・ベイツを演じた。

3. ポール・ランド
※『芸術家たち1』に登場

　"黄金時代"と呼ばれていた、1950年代のハリウッド映画のタイトル・シークエンスや宣伝ポスターなどを数多く手がけ、その分野における第一人者として知られているのがソール・バスというグラフィックデザイナーです。バスの代表作をいくつか挙げると、アルフレッド・ヒッチコック監督の『めまい』*1、ロバート・ワイズとジェローム・ロビンス監督の『ウエスト・サイド物語』、麻薬中毒者に扮するフランク・シナトラの迫真の演技で知られる『黄金の腕』などがあり、ヒッチコックの代表作『サイコ』*2においては、シャワーを浴びているジャネット・リーが刺殺される衝撃的なシーンでの緊張感に満ちた細かなカット割りも、実はバスが指揮したことで知られています。

　このようにハリウッド映画での仕事で有名なのですが、バスの本来の職業はグラフィックデザイナーであり、誰もが知っている企業のロゴデザインを数多く手がけていて、ミノルタ、味の素、コーセーなど今も我々が目にしているような日本の企業も含まれます。この分野に関してはロゴデザインの権威とも称されるポール・ランド*3とも被るところです。ところがバスの場合、グラフィックデザインのみにとどまらず、映像を取り入れたデザインという新分野に進出し、その中心的な役割を果たしたことで、次第に視覚的コミュニケーションにおける革新者と言われるまでになっていったのです。

　バスは、観客の視覚に強く訴えかけるように様々なイノベーションを行い、まさに映画のタイトル・シークエンスのあり方を一変させました。例えば、『めまい』では映

画史上初めてコンピューターグラフィックスを使い（なんと1958年の作品です！）、『黄金の腕』*4 では主人公の薬物中毒をジグザグに歪んだ腕というグラフィックで表現するなど、オープニングの段階でその映画の潜在的なムードをつくり、それがストーリーの要になるという高度なグラフィックワークを行いました。デザインによって心理的な要素を導入するという手法は、それまで誰もやっていなかったことであり、しかも実験映画などではなくそれをメジャーなハリウッド映画で行っていたことに当時のバスのすごみを感じてしまうのです。

ソール・バスは東ヨーロッパ出身の移民の両親のもと、ニューヨークで生まれました。アート・スチューデント・リーグで学び、ブルックリン・カレッジの夜間コースでハンガリー出身の著名なアーティストであったジョージ・ケペッシュ*5 の授業を受け大きな影響を受けます。加えて、プロのグラフィックデザイナーになる以前に、映画制作の見習いとして働いていたのですが、このときの経験がのちに関わっていく映像の仕事に大いに役に立つことになっていくわけです。戦後まもなく、バスは戦後の好景気に沸いていたロサンゼルスに移り、自身の事務所である「ソール・バス・アンド・アソシエイツ」を設立し本格的に仕事を始めることになります。

印刷からすでに映像へと移行していた当時のロサンゼルスのデザイン界において、グラフィックデザインと映像の両方に長けた人材というのはほぼ皆無だったこともあって、彼はこの契機を逃すことなく、誰よりも早く映像プ

4. 黄金の腕

黄金の腕を持つカードディーラーが麻薬を断ちドラマーとして再起するというネルソン・オルグレンの小説を映画化。フランク・シナトラ主演で1956年に公開された。

©ユニバーサル ミュージック

5. ジョージ・ケペッシュ

バウハウスで学び、モホリ＝ナジがシカゴに設立したニュー・バウハウスで教え、その後にブルックリン・カレッジで色彩やデザインを教えていた。

ログラムに取り組んでいきました。そして、その高度な技術から生み出される斬新なアイデアと完成度の高さによって、映画におけるオープニングやエンドロールのあり方を一変させ、ハリウッド映画の歴史に大きな変革をもたらしたのです。

　それまでの映画のタイトル・シークエンスは、キャストとスタッフの告知のみというごくシンプルなもので、時に映写技師がスクリーンのカーテンを閉じたまま流していたほど、特になくてもいいようなものでした。しかし、バスが手がけた映像グラフィックは、本編が始まる前から、先ほど述べたジグザグの歪んだ腕のアニメーションのように、映画の雰囲気を感じさせることによって、観客をその映画の中へと一気に引き込むような心理的操作が巧妙になされていたのです。

　「自分にとって最も重要なのはタイトル・シークエンスである。それは作品の内容と意図に忠実であるべきで、それゆえただ表面的ではなく、映画のストーリーを表現し、その内容とも深い関係性といったものが表現されてなければならない」と自身の制作に関してコメントを残していましたが、忘れてはならないのは、バスは映像だけでなく映画の宣伝ポスターにおいても革新的なことを行っていたことです。例えば、有名な俳優たちが出演している作品であっても、そのことを全面的に押し出すのではなく、意表を突くかのようにグラフィックデザインだけによる簡潔なヴィジュアルを打ち出したりしていました。

このように、映画のストーリーを生き生きとした視覚イメージに変換する方法に長けていたバスは、次第にその特徴のある象徴的な表現によってグラフィックデザインにおける“シンボリズムのマスター”とまで言われるポジションを築き上げたのです。加えて、1950年代から60年代にかけて、フォルムや色彩を大胆に強調したような新しい表現方法を創り上げたことで、当時のポスターデザインを活性化させたばかりか、その後のデザイナーたちにも多大な影響を及ぼしていきました。

　そもそもぼくがソール・バスのことを好きになったのも、マイク・ミルズやジェフ・マクフェトリッジといった個人的に大好きな現代のグラフィックデザイナーたちの仕事に、バスの影響が明快なほど見てとれたからでした。それともう一つバスのことを知って嬉しかったことが、ハリウッド映画を見て育ったスティーブン・スピルバーグが彼の大ファンだったことを実感したことです。2002年に公開されレオナルド・ディカプリオが主演した『キャッチ・ミー・イフ・ユー・キャン』におけるアニメーション仕立てのタイトル・シークエンスは、誰が見てもバスへのオマージュであり、短いアニメーションにもかかわらず、確かに映画のムードを表現していたのです。

　映画での活躍と並行して、音楽のアルバムジャケットも手がけていたバスは、西海岸で最初のメジャー・レーベルで、アメリカ音楽の黄金時代を築いたキャピトル・レコード社 *6 のためのデザインワークにおいても優れたグラフィックを数多く残しました。それまでのポートレートを

6. キャピトル・レコード社
ロサンゼルスに本社を置く大手レコードレーベルで1942年に設立された。西海岸で最初のメジャー・レーベルであり、1940年代から1950年代にアメリカン・ポップスの黄金時代を築いた。

使った安易な手法に対し、バスは抽象絵画や幾何学といった要素を取り入れたり、音楽に直接関係なさそうな視覚的要素を持ち込んだりしました。それゆえに、バスがレコードアルバムのグラフィックデザインのあり方を変えたと言っても決して過言ではないと思うのです。

　西海岸におけるデザインや映像においてのグラフィックワークの基盤をつくったという意味において、ソール・バスはまさに当時のシーンを代表する人物であり、一度聞いたら忘れられないその名前もキャッチーだったため、一時期彼が関わった映画やグラフィックばかりを見ていた時期もありました。そして、今あらためてフレッシュな目で見直しても、どれもが斬新でスタイリッシュなものばかりで、以前にも増して魅力溢れるデザイナーに映って仕方ないのです。

ソール・バス　　　　　　　　　{ 1920–1996 USA }

ニューヨークに生まれ、26歳のときにロサンゼルスに拠点を移す。映画のポスターや予告編制作などに携わったことで、ハリウッド映画のタイトルデザインを手がけるようになる。グラフィックデザイナーとして大手の企業ロゴのほか、レコードジャケットのデザインなど戦後のロサンゼルスで誕生した産業において多角的なデザインを行う。晩年にはマーティン・スコセッシの『グッドフェローズ』や『ケープ・フィアー』などのタイトルデザインも手がけるなど、生涯関わった映画は約60本にものぼった。

Herbert Matter

ハーバート・マター

ミッドセンチュリーデザインの名手

ぼくがハーバート・マターという名前を最初に意識したきっかけは、彼が1950年代のノル社の広告やポスターのデザイナーであったからです。エーロ・サーリネン（P.58）やハリー・ベルトイア（P.28）の流線形の家具をまるで幾何学モチーフのようにして扱い、そこにスタイリッシュなテキストを組み合わせることで見るものの想像力を掻き立たせ、「こんなデザインをしたのはいったいどんな人なのだろう」とその未来的な美しいデザインを見て衝撃を受けてしまったのです。

　マターのミッドセンチュリー時代における仕事として知られているのが、前述したノル社との仕事、そしてハーマンミラー社と提携する以前のチャールズ＆レイ・イームズのためのデザインワークでした。それに加えて、サーリネンやノイトラ（P.68）やロートナー（P.74）の作品が定期的に掲載されていた『アーツ＆アーキテクチャー』誌のデザイナーとしても知られています。編集長兼発行人であったジョン・エンテンザが出版していたその雑誌は、建築やデザインプロダクトやアートを紹介するだけでなく、カリフォルニアのモダニズム建築とデザインの普及に貢献した他に類を見ないほど洗練された刊行物でした。

　『カリフォルニア・アーツ・アーキテクチャー』から『アーツ＆アーキテクチャー』と名前を変え、最初に発行されたのが1944年2月、まさに太平洋戦争の真只中の頃でした。その2年後には建築を主に扱う専門誌となり、マターのほかにもともとは画家だったレイ・イームズが表紙デザインを手がけるなど、この雑誌は新進のデザイン

やアートを紹介する場としても重要な役割を果たしていました。さらに当時のアメリカの雑誌としては最高水準のグラフィックデザインを見ることができ、マターを筆頭としてアルヴィン・ラスティグやジョン・フォリスといったロサンゼルスを代表する気鋭のデザイナーたちがこの雑誌で仕事をしていました。

　モダン建築とインテリアを軸としていた『アーツ&アーキテクチャー』に掲載されていた写真の多くは、ジュリアス・シュルマン（P.96）をはじめ、建築写真を専門とした写真家たちが撮影していました。ミッドセンチュリー建築の魅力を知り尽くした彼らが撮った写真は、従来のような業務的なものでなく、まるで映画のワンシーンのような視覚的エッセイを作り上げることで人々の想像力に訴えかけました。そして、その魅力を引き出していたのがマターによるデザインであり、カリフォルニア独自の様式を誌面に作り上げるということを同時に行ったのです。

　ハーバート・マターは、スキーリゾートとして知られるスイスのエンゲルベルクに生まれました。ジュネーブのエコール・デ・ボザールで学んだのちに、パリに出てフェルナン・レジェとアメデ・オザンファンから絵画を学んでいます。またアール・デコのポスターで知られるアドルフ・ムーロン・カッサンドル、短い間であったもののル・コルビュジエとも仕事をした経験がありました。チューリッヒ時代にデザインした旅行ポスターでは、独自のフォトモンタージュを使うことでよりインパクトのある視覚的な効果を生み出し、その一連のポスターによって彼の名前は欧米

のデザイン界で知られていくことになります。

1936年にアメリカへ渡ったマターは、すでにニューヨークで活躍していたアートディレクターのアレクセイ・ブロドヴィッチ*1 の下で働き、彼がアートディレクションをしていた『ハーパーズ・バザー』や『ヴォーグ』といった当時最も感度が高いとされていたファッション雑誌のデザインを任されました。ブロドヴィッチがマターをすぐに雇ったのも、彼がスイスで制作したポスターを自分のオフィスの壁に貼っていたほどマターのファンだったからなのですが、ここまでの経歴を簡単に辿っただけでも、このデザイナーがいかに必要とされるべき場所に必要なタイミングでいたかがわかると思います。

1943年にニューヨークから好景気に沸いていたロサンゼルスに移住したマターは、先述した『アーツ&アーキテクチャー』の明快で知的なデザインワークを手がけ、カリフォルニアのグラフィックデザインが注目されるようになっていきます。マターがイームズ・オフィスで働いていた *2 のもちょうどこの頃のことだったのですが、彼がロサンゼルスに住んでいたのは3年とそう長くなかったものの、ウエスト・コーストのデザインシーンに大きな痕跡を残したことは疑う余地がありません。

当時のカリフォルニアのデザインシーンは、ニューヨークやシカゴのデザインの傾向と異なり、さほど堅苦しいルールに縛られずに、新しいものに取り組める環境がありました。おそらくそのような雰囲気があったからこそ、マ

1. アレクセイ・ブロドヴィッチ
ロシア生まれの写真家、グラフィックデザイナー、アートディレクター。フランスを経由してアメリカに渡り、1934年から1958年まで『ハーパーズ・バザー』のアートディレクターとして活躍し、ファッション写真の興隆に貢献した。

2. イームズ・オフィスで働いていた
1943年から1946年まで働き、ポスターや印刷物のグラフィックデザインなどを手がけていた。

ターはその豊富な経験を生かし、より実験的な取り組みやアート性の高いデザインができたのかもしれません。ミッドセンチュリー時代の陶芸や家具デザインに見られた独特の滑らかなカーブのラインを、自身のタイポグラフィに反映させ、フォトモンタージュにしてもこれ以上でも以下でもないというくらい、バランスよく取り込むことで時代の雰囲気を巧みに演出していたことも、やはりそのような自由な背景があったからだと思います。

　ニューヨークに戻ってきたマターは、1946年からノル社との緊密な仕事を始め、まずは同社を象徴することになるロゴデザイン*3 からスタート。それからはデザインおよび広告コンサルタントとして長くフローレンス・ノル（P.22）と仕事をともにすることとなります。マターのデザインでは、家具そのものがグラフィックの一部として使われ、カラフルで流線的なサーリネンの椅子に抽象模様を混ぜ合わせるといったことを行いました。ポスターや雑誌広告にアート性の高い写真とタイポグラフィを掛け合わせることで、見る者の注意と興味を促し、それにより人々の心にノル社のプロダクトが印象に残るという視覚的効果を組み込んでいたのです。

　また写真家としても活躍していたマターは、同じスイスの出身ということもあって彫刻家のアルベルト・ジャコメッティ*4 を撮り下ろした写真エッセイ集を出版したほか、長年の友人であったアレキサンダー・カルダー（P.128）の映画を2作撮影しました。さらに画家のジャクソン・ポロックとウィレム・デ・クーニングらとも親交を持ち、ニュー

3. ロゴデザイン

初期の「K」のみのロゴはマターのデザインだったが、現在使用されているヘルベチカのロゴはマッシモ・ヴィネリが1966年にデザインしたもの。

4. アルベルト・ジャコメッティ

スイスの彫刻家。 主に彫刻家として知られるが、絵画や版画の作品も多い。第二次世界大戦以前にはシュルレアリスムの彫刻家と見なされていたが、最もよく知られている作品群は、大戦後に作られた、針金のように極端に細く、長く引き伸ばされた人物彫刻である。

『Alberto Giacometti』（Gallimard）

ヨークのグッゲンハイム美術館、およびヒューストンの美術館のコンサルタントを務めるなど、ニューヨーク州サウサンプトンで亡くなるまで、アメリカのアート界においても活躍しました。このように、デザイン、写真、建築、アートに精通し、それをさらに高いレベルへと引き上げたハーバート・マターは、まさにミッドセンチュリーを象徴するキーパーソンの一人であったのです。

ハーバート・マター　　　　　{ 1907-1984　CHE, USA }

スイス中央部の山岳リゾートの町に生まれる。パリに出てフェルナン・レジェやル・コルビュジエと知遇を得る。1936年にアメリカへ渡りアレクセイ・ブロドヴィッチの下でデザインを行い、1939年のニューヨーク国際博覧会でスイス館の設計を手がける。イームズ・オフィスで働き、『アーツ＆アーキテクチャー』誌のデザインも手がけ、フォトモンタージュを使ったデザインワークによって知られるようになる。1946年から1966年まではノル社のデザインコンサルタントを行うとともに、長年イェール大学で写真の教授を務めた。

　　　　　　Herbert Matter

Alvin Lustig

アルヴィン・ラスティグ

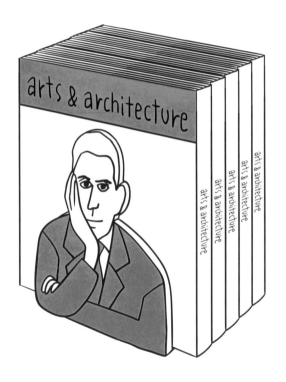

若くして亡くなった気鋭のモダニズム・デザイナー

バウハウスにて教鞭を執るも、バ
ウハウスの閉鎖に伴いアメリカに
移住。教鞭を執りながら、色彩
と幾何学的形態による空間の
知覚にまつわる理論をアメリカ
に広めた美術家。

2. ブラック・マウンテン・カレッジ

1933年から1957年の24年間、
アメリカ東南部ノース・カロライナ
州ブラック・マウンテンにあった
リベラルアーツスクール。アルバー
スとともにジョン・ケージやバック
ミンスター・フラーらが教えていた。

3. ニュー・クラシックス・シリーズ

絶版となった本を再発行したシ
リーズで、これらの復刻版にジェー
ムズ・ジョイスやF. スコット・
フィッツジェラルドの『グレート・
ギャツビー』などが含まれていた。

『The Great Gatsby』(New Directions
Publishing)

　ぼくが敬愛してやまないアーティストで教育者だった
ジョセフ・アルバース*1 が、「ぜひともうちの大学（ブラッ
ク・マウンテン・カレッジ*2 とイェール大学）で教えてく
れないか」とラブコールを送っていたのが、ロサンゼルス
を拠点としたグラフィックデザイナーのアルヴィン・ラステ
ィグです。ラスティグは広告、商業用カタログのデザイン、
雑誌、そして小説本の装丁、レコードジャケットから、
建築やインテリアデザイン、JBLのスピーカー、さらにはヘ
リコプターまでデザインした優れたデザイナーであり、その
明快で洗練されたモダンなデザインを戦後のアメリカのラ
イフスタイルに定着させたことでも知られています。

　ラスティグは、ロサンゼルスのシティ・カレッジとアート・
センターで学び、在学中からフランク・ロイド・ライトのタ
リアセンのことを独自に研究し、卒業後はすぐにステー
ショナリーなどのデザインを始めました。アルバースと同
様に教師という顔を持っていたラスティグは、デザインに
関しての理論家として知られ、当時のグラフィックデザイ
ン界での影響力は絶大だったものの、10代の頃に発
症した糖尿病のため晩年には失明状態となり、失意の
中40歳という若さで亡くなってしまいました。

　若くして亡くなったラスティグの仕事で最も有名なの
が、マンハッタンにあった独立系の出版社であるニュ
ー・ディレクションズ社が出版していた《ニュー・クラシ
ックス・シリーズ》*3 のためのブックデザインでした。それ
までの絵やイラストを使った単調な装丁ではなく、ラステ
ィグが行ったデザインは色と抽象的なモチーフだけを使

った芸術性の高いものでした。しかも単体の本にとどまらずシリーズ全体をアートディレクションすることによってアイデンティティを打ち出すという当時としては先進的なアプローチを行います。のちにラスティグが "モダン・ペーパーバックの生みの親" と言われるようになるのも、この時の装丁デザインがあったからです。

　ラスティグは 1945 年から亡くなるまでに、ジェームズ・ジョイス、ガートルード・スタイン、ウィリアム・カルロス・ウィリアムズなど 70 冊以上もの文学系の表紙ジャケットをデザインしました。シンプルでありながら気品のある色使いとモダンで知的な感性は、このシリーズを通して大いに発揮されることとなり、その洗練された抽象的デザインに加え、書体デザインに対する斬新なアプローチは国内外の当時のデザイン界で大きな話題となりました。

　ラスティグの仕事でもう一つ忘れてはならないのが、ミッドセンチュリーを代表する『アーツ＆アーキテクチャー』誌のデザインです。ハーバート・マター（p.108）も関わっていたこの雑誌はもともと『カリフォルニア・アーツ＆アーキテクチャー』としてカリフォルニアのモダニズム建築とデザインの普及において重要な役割を果たしていたのですが、1944 年 2 月号からは「カリフォルニア」が削除され、ロゴを含めてこの号からすべてのデザインとレイアウトをラスティグがやり直したことで、アートや建築を主に扱う雑誌でありながら、最新のグラフィックデザインのショーケースとして賞賛されるまでになりました。

4. ヤン・チヒョルト

スイスのタイポグラファー。ライプツィヒの美術書籍工芸アカデミーで学び、同アカデミーの講師をする。1933年スイスに移住し、バーゼル・印刷職業学校の非常勤講師となり、1942年市民権を獲得する。ロンドンのペンギン・ブックスのアートディレクターとしても知られる。

『Jan Tschichold: Plakate der Avantgarde』(Birkhauser Architecture)

　ラスティグのデザインは、彼が最も影響を受けたというドイツ出身のタイポグラファーでカリグラファーだったヤン・チヒョルト*4 の系譜にあると言われています。書体とシンボルを独創的に組み合わせ、そこにシュルレアリスムからの要素を取り込むことで斬新なスタイルを築き上げたのです。「モダンなデザインを追求したいのならば、アートや文学、音楽にも深く広く通じているべきだ」と考え、デザインの仕事と並行し、プロダクトデザインや展覧会やインテリアの仕事を精力的に手がけていきました。デザインと建築の間を相互に行き来するラスティグの横断的なアプローチは、その後のカリフォルニア・デザインにも大きな影響を及ぼしていくことになるのです。

アルヴィン・ラスティグ　　　　　　　{ 1915-1955 USA }

コロラド州デンバーに生まれる。ロサンゼルスのアート・センターで学び、卒業後はそこの修士課程で教えながら、レターヘッドや名刺といったデザインを通して経験を積む。1936年にスタジオを開設し、個人や地元企業のクライアントのために書体とシンボルを独創的に組み合わせたデザインを行う。ペーパーバックの装丁やグラフィックデザインだけでなく、インテリアおよび建築デザイナーとしても知られ、パラマウント・ファニチャーから《ラスティグ・チェア》をリリースするも40歳という若さで死去した。

　　　　　　　Alvin Lustig

S. Neil Fujita

S. ニール・フジタ

レコードジャケットデザインのパイオニア

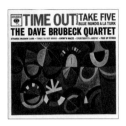

1. Time Out
1959年にコロムビア・レコード
からリリースされたデイブ・ブル
ーベック・カルテットの黄金時
代を象徴する大傑作。

©ソニーミュージック

　ミッドセンチュリーを象徴するグラフィックにレコードジャケットのデザインがあります。1950年代に入るとレコード会社がそれまでに存在しなかったLPレコードを制作し始め、人々の購買意欲を促すために絵や写真や文字を使った真新しいデザインを行ったのです。中でも個人的に大好きなジャケットというのがあって、それがコロムビア・レコードからリリースされたデイブ・ブルーベック・カルテットが1959年にリリースした『Time Out』*1 というアルバムです。クレーかカンディンスキーのようなリズムが感じられる抽象画が使われ、ミッドセンチュリーといった雰囲気がいかにも感じられるアルバムです。

　この名盤のデザインと幾何学模様の抽象絵画を描いたのが、戦後アメリカにおけるアルバムジャケット・デザインのパイオニアとして知られるS.ニール・フジタでした。自身の絵だけでなく、フジタは様々なアーティストや写真家を率先して起用したことでも知られ、その中には当時まったく無名に近かったアンディ・ウォーホルやベン・シャーンといったのちに20世紀を代表するようになるアーティストたちも含まれていました。

　フジタは日系2世の息子として、ハワイ州カウアイ島のサトウキビ農園の家に生まれました。子供の頃「サダミツ」と呼ばれていましたが、これはホノルルの寄宿学校時代までに使っていた名前で、覚えられにくかったのか、以降は「S」というイニシャル表記だけになります。その後、ロサンゼルスに渡ったものの真珠湾攻撃が起こり、ワイオミング州の強制収容所へ送り込まれ、その後美

術学校を苦労しながらも卒業し、生きていくために好きな絵を断念しグラフィックデザインの道へと進みました。

　フジタはフィラデルフィアの大手の広告代理店に入社し、その後自身が手がけた実験的なアルバムのデザインが認められ、コロムビア・レコード社へ転職します。同社での彼に課せられた任務は、先輩のアレックス・スタインワイス*2 のデザインを手本にしながら、モダン・ジャズ・レーベルとして話題を振りまいていた「Blue Note」の革新的なアルバムと渡り合える力を持ったデザインチームを作ることでした。

　人種差別によるハラスメントを受けたりもしましたが、それにもめげずに同社の初代主任デザイナーに抜擢され、赤く照らされたマイルス・デイヴィスのポートレートが印象的な『ラウンド・アバウト・ミッドナイト』*3 を筆頭に、ジャズからクラシックまで幅広いジャンルの"顔"を創っていきます。また、絵描きとしてのバックグラウンドを持っていたフジタだっただけに、スタインワイスが好んでいたイラストではなく、あえて説明的ではない抽象表現主義の絵画を取り入れたのも大きな特長でした。

　依頼されたミュージシャンたちの曲はとことん聞き込み、その印象から画家、写真家、イラストレーターを目的に合わせて使いこなすことで歴史にも残るアートワークを手がけました。例えばグレン・グールドのレコードには写真家を録音に立ち会わせることでその天才の素顔を捉えたり、モダン・ジャズには知的な現代性を視覚化

2. アレックス・スタインワイス
コロムビア・レコードのアートディレクターで、レコードのパッケージ化と販売の方法に革命をもたらした。

3. ラウンド・アバウト・ミッドナイト
マイルス・デイヴィスが、コロムビア・レコードに移籍して1956年に発表したアルバム。

するために抽象画を使ったりと、その目的とターゲット層を的確に見極めながらデザインを決定していったと言います。

4. ミルトン・グレイザー
1929年にニューヨークに生まれ、「I ♡ New York」のロゴ、サイケデリックなボブディランのポスターなどを手がけたことで知られるグラフィックデザイナー。

　フジタと身近で仕事をしていたミルトン・グレイザー*4は「素晴らしい感性があり、デザインに対する具体的な考えがあった。アルバム・デザインの分野での最初のアートディレクターだったわけだが、おそらく彼の中ではバウハウスの理念と日本の感性が統合されていたのかもしれない」とフジタのことをひときわ高く評価しました。レコードに抽象表現主義の絵をフィーチャーしたおそらく最初のデザイナーであったS.ニール・フジタ。その独創的な感性は今見ても魅力的であり、しかも自分が好きなアルバムの多くがこの日系人デザイナーによってなされていたことを知って、どうしてもこの本に書いておきたかったのです。

S.ニール・フジタ　　　　　　　　{ 1921-2010 USA }

カウアイ島の農家を営む家に生まれる。フィラデルフィアでグラフィックデザイナーとして働いた後にコロムビア・レコードのアート部門のチーフディレクターになる。そこで多くのアルバムジャケットを手がけ、特にジャズ・アルバムに自身が描いた抽象画を取り入れたデザインワークで知られ、代表作にチャールズ・ミンガスの『Mingus Ah Um』などがある。また操り人形の糸を使いタイポと組み合わせたマリオ・プーゾの『ゴッドファーザー』の本の装丁を行ったことでも知られている。

S. Neil Fujita

William Claxton

ウィリアム・クラクストン

西海岸のジャズメンたちを撮った写真家

1. ウエスト・コースト・ジャズ
1940年代の後半頃、それまで
のジャズの中心はニューヨーク
を中心とする東部だったが、
1950年代になると朝鮮戦争の
勃発に伴い西海岸、特にロサン
ゼルスが軍需要都市化、産業の
中心になっていったことで、ジャ
ズの中心が次第に西海岸に移
り活性化したジャズの総称。

1950年代、西海岸において白人のジャズミュージシャンたちが軸となり盛り上がりを見せたのが「ウエスト・コースト・ジャズ」*1 と呼ばれる "クールなサウンド" を特徴としたジャズでした。このムーブメントが起こった背景にあったのが、ロサンゼルスを中心とした活気ある映画や音楽といったエンターテインメント業界の存在で、第二次世界大戦後、不況に陥っていたニューヨークや他の都市から多くのジャズやクラシック分野のミュージシャンたちが仕事を求めて西海岸にやってきました。

ロサンゼルスのレコード会社によって当時の最新式の録音システムを備えたスタジオが運営されていて、そこでレコーディングされていたのが映画の映像に合わせて編曲されたサウンドトラックであり、そのために要求されたのがどのような譜面でも読め、正確に音が出せるミュージシャンたちでした。そうした理由もあって音楽教育を受けた生え抜きのミュージシャンたちが、続々とロサンゼルスに集まっていたというわけです。

安定して仕事があり賃金もよかったため、彼らは日々の生活に困ることもなく、また太陽と海を楽しむようなカリフォルニアの明るい風土がそうさせたのか、ニューヨークのミュージシャンたちの演奏のような重さもなく、どこかリラックスした西海岸のライフスタイルが彼らの音楽に多かれ少なかれ反映されていました。そのようなコミュニティから生まれたのが、白人ミュージシャン主体の「ウエスト・コースト・ジャズ」であり、アンサンブルされたまろやかで耳に心地いい音楽が特徴でした。

William Claxton

その「ウエスト・コースト・ジャズ」の代表的な人物として名前が挙がるのが、どこか哀しげな表情をたたえたトランペッターとして一世風靡したチェット・ベイカー*2です。1950年代初期からロサンゼルスのジャズクラブで夜な夜な演奏をしていたベイカーは、マイルス・デイヴィスに影響を受けた少ない音数で力強く吹く特徴のあるサウンドで知られていたのですが、彼が注目されるようになったのは白人バリトンサックス奏者のジェリー・マリガンのカルテットへの加入がきっかけでした。ピアノを入れないという珍しい形式は当時としてもかなり斬新であり、さらにこの二人の管楽器プレイヤーはステージの上でお互いが会話し絡み合うように演奏をし、ハーモニーを自由自在にアドリブ演奏することで観客たちを魅了したのです。

他の白人ミュージシャンたちと違い、直感で演奏するプレイヤーであった彼は、譜面もほとんど読めず、耳で覚えて演奏を行っていたと言われています。彼の魅力は楽器の演奏以外にもあり、ヴォーカリストとして独特の寂しげな声がひときわ存在感を示していたことに加えて、彼がひときわハンサムだったことです。そんな若きチェット・ベイカーの魅力をくまなく写真に残したのが、ウィリアム・クラクストンという写真家でした。

「ジャズクラブなんかに行くよりはクラクストンの写真を見ているほうがよっぽど興奮していたよ」と語っていたのが俳優としてまだ駆け出しだったデニス・ホッパーで、彼が俳優業をやりつつ写真を撮るようになるきっかけを

2. チェット・ベイカー
アメリカのジャズ・トランペット奏者として、またシンガーとしても優れた個性を発揮した。
© ユニバーサル ミュージック

つくったのも実はクラクストンだったのです。ホッパーの
コメントからもわかるようにクラクストンが撮ったジャズメ
ンたちのクールなポートレート写真は、1950年代当時
の若者たちのヒップな感覚を代弁するようなものだった
のかもしれません。

　クラクストンは、高校生の時から愛読していたジャズ
専門誌に掲載された写真にインスピレーションを受け、
自分が好きなジャズメンたちを撮り始めました。そんなあ
る夜、たまたまベイカーたちが出演していたライブ演奏に
出くわし、その端正な顔立ちとしなやかな身のこなしに
「なんてフォトジェニックな男なのだろう!」とその場で彼
の虜となり、それ以来、彼の追っかけとなりベイカーを撮
り続けることになっていきました。ちなみに、この "フォト
ジェニック" という要素こそがクラクストンの写真の大き
な特徴であり、ベイカーのみならず当時活躍していたミ
ュージシャンたちを、各自の持つ個性を最大限に引き
出す魅力溢れる作品を多く残したのです。

　1954年に『Chet Baker Sings』がヒットし、クラク
ストンが勤務していたパシフィック・ジャズ・レーベルから
もアルバムをリリース。1957年の傑作『Chet Baker &
Crew』もその1枚でしたが、それらのアルバムジャケット
のいずれもクラクストンが撮影したものでした。また、ベイ
カーほどではなかったものの、比較的多くの撮影をして
いたのが前述したジェリー・マリガンでした。マリガンは
マイルス・デイヴィスの歴史的なアルバム『クールの誕
生』*3 に若くして参加し、その中の3曲を書いた才能

3. クールの誕生
マイルス・デイヴィスがクール・ジャ
ズの礎を築いた歴史的名盤。
ギル・エヴァンスら3人の編曲者
が厳密で理知的な音楽をつくり
上げ、9人編成の大型コンボで
演奏したこの作品はビ・バップと
異なる音楽性を展開した名盤と
して知られ、1957年にリリース
された。

William Claxton

溢れるミュージシャンだったのですが、彼もまたニューヨークからロサンゼルスに仕事を求めて移住してきた一人でした。絶妙なライティングによってマリガンの知的な風貌を撮り、そのポートレートもまた彼の代表的なアルバムジャケットとして使われました。

デビュー当時から黒人っぽい粘りのあるアドリブ演奏をするプレイヤーとして定評があった白人サックス奏者のアート・ペッパーは、ベイカーと並んで「ウエスト・コースト・ジャズ」を象徴するような存在でした。ペッパーがマイルスのリズムセクションを迎えて吹き込んだリーダーアルバムが、彼の天才的なアドリブが冴え渡る『ミーツ・ザ・リズム・セクション』*4 です。このアルバムカバーには公園の中の木々を背景に、ピンクのシャツとベージュの柔らかなジャケットを着たまるで映画俳優のような顔立ちのペッパーのポートレートが使われているのですが、ミッドセンチュリーの雰囲気が漂うこの写真を撮ったのも言うまでもなくクラクストンでした。

さて、これまで登場したのは白人のミュージシャンだけでしたが、クラクストンは白人のみを撮っていたわけではなく、例えば、黒人テナーサックス奏者のソニー・ロリンズがロサンゼルスにツアーで赴いた際に、スタジオで録音した時のアルバムの写真*5 も撮り下ろしています。収録された曲に「俺は老カーボーイ」というのがあったためでしょうか、ロサンゼルス郊外の乾いた砂漠の風景の中にロリンズを連れて行き、西部劇っぽさを演出するために、カウボーイ姿でさながらライフルをテナーサックスに

4. ミーツ・ザ・リズム・セクション
西海岸を代表するアルト奏者アート・ペッパーと、マイルス・デイヴィス・クインテットのリズムセクションによるセッションを収録した1957年にリリースされたアルバム。
©ユニバーサル ミュージック

5. アルバムの写真
マックス・ローチのツアーに帯同してロサンゼルスを訪れたロリンズが制作した『Way Out West』は、現地の敏腕リズム隊と組んでわずか1日でレコーディングされた。
©ユニバーサル ミュージック

持ち替えた洒落っ気のあるロリンズの写真を撮りました。しかし、その写真が使われたアルバムがリリースされると、ロリンズはニューヨークのミュージシャン仲間たちからからかわれてしまったというエピソードも残っています。

　このようにユーモアやクールな要素など様々なパターンで打ち出したクラクストンの写真は、当時のウエスト・コーストのジャズシーンを伝えるだけでなく、その魅力的に演出されたイメージはモダンな家具や建築にもマッチしていて、陽気でカジュアルな当時のロサンゼルスでの暮らしぶりを伝える役割も果たしていました。また、1960年代になって登場し、一気に人気を博した西海岸のポップミュージックやボサノヴァにも繋がるムードも兼ね備えていて、そんなところもまたこの写真家が「ウエスト・コースト・ジャズ」における象徴的な人物と言われる所以なのです。

ウィリアム・クラクストン　　　{ 1927-2008 USA }

カリフォルニア州パサデナに生まれる。1950年代から地元ロサンゼルスでジャズミュージシャンたちを撮り始める。パシフィック・ジャズ・レコードのアートディレクターと専属カメラマンを長年務めたことで、多くのミュージシャンたちと交流しながら撮影。また、ミュージシャンだけでなくスティーブ・マックイーンなどハリウッドスターの写真も数多く撮影している。1967年には映画『Basic Black』を撮影し、これは最初のファッション・フィルムとして知られている。代表的な作品集に『JAZZ LIFE』がある。

Alexander Calder

アレキサンダー・カルダー

ジェット旅客機にペイントしたアメリカの巨匠

1. モビール

1930年、ピエト・モンドリアン
の抽象画にインスピレーショ
ンを得たカルダーは、1932年
に動く抽象画としての作品を
制作した。さらに宙に浮かぶ
図形を作りたいと模索した結
果、天井から吊るすモビールが
生まれた。

『Radical Inventor: A Retrospective
of Alexander Calder』(5Conti-
nents Editions)

　彫刻家として知られるアレキサンダー・カルダーの最
大の作品は何かご存知ですか? カルダーのトレードマー
クとして知られている動く彫刻《モビール》*1 でもなく、
地面からそそり立つ巨大彫刻でもありません。それはカ
ルダー自身が「フライング・カラーズ(空飛ぶ色)」と名
付けたフルサイズのジェット旅客機です。この依頼をした
のがテキサス州ダラスに本拠を置いていたブラニフ航空
であり、当時アメリカで唯一のコンコルド機を所有し、様
々な型破りな戦略を打ち出したことで、飛行機で世界
中を飛び回る "ジェットセッター" と呼ばれる人々を生む
きっかけをつくった航空会社でした。

　《イームズ・ハウス》にはカルダーのハンギング・モビー
ルがかつてあった記憶がありますが、イームズとカルダー
に共通する人物がアレキサンダー・ジラードということに
なります。ハーマンミラー社のテキスタイル部門のディレク
ターだったジラードは、このトレンディな航空会社からの
依頼を受け、空港ロビーや機内、そしてロゴやステーシ
ョナリーなどほぼすべてにわたるトータルデザインを行っ
たことで有名です。制服は著名なファッションデザイナ
ーのエミリオ・プッチがデザイン、そして残る機体のペイン
トをカルダーが手がけたことで、当時の最先端の技術を
集約させた飛行機として世界中の注目を集めることに
なったのです。

　ブラニフ航空がすでに購入していた機体にペイントを
するという前代未聞のビッグプロジェクトが、ニューヨー
クの広告代理店のジョージ・スタンレー・ゴードンを通じ

てカルダーに打診されます。ゴードンはアートとデザイン
を他のどこよりも積極的に取り入れていたブラニフ航空
からの依頼であれば、アメリカが世界に誇る芸術家も喜
んで受け入れるだろうと考えたのです。

　そのオファーを聞いたカルダーの反応は「そんなおも
ちゃの飛行機なんぞには描くものか」と素っ気なかった
ものの、「そうではなく、フルサイズの本物の旅客機に描
いてほしいのです」とゴードンが伝えるや、驚きながらも
快諾し、機体に描くためのスケッチにすぐに取り掛かっ
たと言います。当時のブラニフ航空社長だったハーディ
ング・ローレンスもこのプロジェクトに最初からかなり前
向きだったらしく、カルダーの返事を受けて、すぐに契約
書を交わし、新品のダグラスDC-8と総額10万ドルを使っ
ての塗装が約半年の歳月をかけて着々と進められて
いきました。

　そして完成したのが、赤、青、黄、黒の4色を使った流
線形のパターンによる鮮烈なデザインで、機体前方の上
部には誇らしげに「Calder」のサインが描かれていまし
た。その土着的な色彩とデザインは南アメリカのフォーク
アートを意識したものだったそうですが、さらにその2年
後にはアメリカの「バイセンテニアル（建国200年記念）」
を祝うための新たな機体が提供され、星条旗をモチー
フに赤、青、白に塗り分けられたポップな機体が完成し
ました。カルダーはこれを「アメリカのフライング・カラー
ズ」と名付け、操縦したパイロットからは蛇行している
独特の絵柄から「スニーキー・スネーク」というニックネ

2. .125

1957年の巨大なモビール作品で最大幅が45フィートもある。アルミニウムの標準の厚さにちなんで「.125」と名付けられ、ターミナル4に展示された。

3. ユネスコ本部ビル

1958年に完成。ブロイヤー、そしてピエール・ルイジ・ネルヴィ、ベルナール・ゼルフュスの3人が設計を担当した。

4. 渦巻

土台にボルト留めによって組み立てられた鋼板、可動部品には固定されたステンレス鋼とアルミニウムの羽で構成された360度回るモノクロの大型のスタンディングモビール。

ームでも呼ばれていたそうです。

　カルダーは、飛行機だけでなくニューヨークのジョン・F・ケネディ空港に設置する目的で巨大ハンギング・モビール《.125》*2 も制作。また、マルセル・ブロイヤーらによって設計されたパリのユネスコ本部ビル*3 の前に設置されたスタンディング・モビール《渦巻》*4 を手がけるなど（この作品のために、フランス在住のジャン・プルーヴェにも共同制作を依頼）、ミッドセンチュリーの建物に合うこともあり建築家たちからも熱烈にもてはやされ、パブリックアートの名手として最も存在感を放ったアーティストでもあったのです。

アレキサンダー・カルダー　　　　　　{ 1898-1976 USA }

ペンシルベニア州ロートンの高名な彫刻家の家系に生まれる。アート・スチューデント・リーグで学び、卒業後はイラストレーターとして働く。1926年からパリに住み始め、針金彫刻を使って一人で操る《サーカス》の上演を始め評判となる。1932年に初めて《モビール》を発表。また面と曲線をダイナミックに組み合わせて空間を構成した《スタビール》もよく知られている。マルセル・デュシャンやピエト・モンドリアンとも親交を持ち、アメリカで最も国際的に名声を集めたアーティストだった。

Stuart Davis

スチュアート・デイヴィス

1950年代の軽快なリズムが感じられるアメリカ絵画

1. ドナルド・ジャッド

1928年ミズーリ州エクセルシ
ア・スプリングス生まれ。1959
〜1965年までは評論家として
様々な美術雑誌に執筆。床上
に立体レリーフを並べ周囲の空
間の重要性に視点を置いた作
品を展示。1986年に美術家た
ちを支援するシナティ財団を設
立し、自作を中心とした恒久的
な設置を行うも1994年逝去。

2. リチャード・ディーベンコーン

1922年オレゴン州ポートラン
ド生まれ。当初は抽象表現主
義の影響を受けて、荒々しいタ
ッチの抽象画を描いていたがそ
の後は具象絵画に取り組んだ。

3. ピュリスム

第一次世界大戦後にオザンフ
ァンとル・コルビュジエが主張
した造形の純化を意図する芸
術思潮。明確な線および形、
簡潔な画面構成を強調したよ
うな作品が特徴。

ドナルド・ジャッド *1 が住んで制作をしていたニューヨ
ークのソーホーにあるビル1棟が一般公開されていて、ジ
ャッドの暮らしぶりが残る一番上の階の小部屋で1枚
の絵画と遭遇しました。ジャッドのコレクションとしては
ちょっと意外にも感じられたその小さな作品を描いたの
が、スチュアート・デイヴィスというアメリカの画家であり、
ミッドセンチュリー時代に描かれたそのカラフルな幾何
学絵画がとても印象に残りました。

この本を書く際に家具や建築やデザインを軸にしな
がらも、それにまつわる画家を入れたいと最初から思っ
ていました。例えば、《イームズ・ハウス》に飾ってあった
ジョセフ・アルバースかフランツ・クライン、西海岸の画家
であるならばリチャード・ディーベンコーン *2 などもありだ
なと考えていた矢先に、ジャッドが所有していたデイヴィ
スの絵に出くわし、「これだ!」と思ったわけです。

スチュアート・デイヴィスは1913年に行われたヨーロ
ッパの前衛アートを集めた「アーモリーショー」からの影
響を大きく受け、それ以降は一気にモダニズムに傾倒し
ていったアーティストです。ピカソやブラックの「キュビス
ム」、ル・コルビュジエやオザンファンの「ピュリスム」*3
などの影響を強く受けながらも、ただのコピーに終わる
ことなく、脈動するような明るい色を使った表現力の豊
かさはまさにアメリカ人らしさに満ちた画風であり、事実、
デイヴィスはヨーロッパ美術のモノマネでなくアメリカ独
自の美術を展開した最初の画家の一人としても知られ
ています。

それに加えて、デイヴィスは絵画にジャズやスイングの音楽を持ち込んだ画家としても有名です。モンドリアンやマティスも同じくジャズの踊るようなリズムを視覚化するように自身の作品に取り入れていましたが、ビッグバンド・ジャズが生み出す力強いシンコペーションを色とフォルムを置き換えたという点で言えば、彼の絵はより軽快で陽気な感じがします。

　音楽だけでなく、看板やネオンサインなどにも触発されていたデイヴィスの絵からは、まさに都会の喧騒や生き生きとした街のリズムが感じられます。そのような文字や数字を取り込んでいたのも、見る者が自分の絵と対話やコミュニケーションができるはずだと信じていたからで、時代の最先端とされていた純粋な抽象画を彼が描かなかったのも、そんな理由があったからです。

　しかし、それゆえにデイヴィスはニューヨークのアート界において自分の立ち位置を維持するのにとても苦労していたようで、前述したように当時はポロックらによる抽象画が全盛の時代で、彼のような具象性や意味を持ち込むことは時代遅れと見なされていたのです。そして、そのことがプレッシャーとなりスタジオでも酒に浸るようになっていき、結局最後の10年間はわずか10点ほどしか制作しなかったと言われています。

　そのような苦境に陥っていたデイヴィスを高く評価していたのがドナルド・ジャッドでした。アメリカ固有のモダニズム精神をデイヴィスの絵から感じ取っていたジャッド

は、彼が大衆文化や消費社会を作品の要素として取り組み、それにより誰よりも早くアメリカという国を表現していたということを評価し、当時まだ美術批評家をしていた彼はデイヴィスに感謝の意を表したのです。

　その深慮な思いはジャッドが所持していた小作品からも伝わってきたわけですが、この本に登場する建築家やデザイナーたちと同じく、デイヴィスもまたヨーロッパのモダニズムからの影響を脱却し、アメリカの風土や新しい技術によって培われていった芸術を生み出したいと強く考えていたに違いありません。スチュアート・デイヴィスのカラフルなパターンで構成された独特の絵画は、キュビスムを土台にしながらも難解さとは無縁であり、イームズたちが活躍したミッドセンチュリー時代の軽やかな空気感をまさに表現していたと思うのです。

スチュアート・デイヴィス　　　　{ 1892-1964 USA }

フィラデルフィアに生まれる。早くからニューヨークに出たデイヴィスは、都市の生活を生き生きと描く「アシュカン派（ごみ箱派）」として知られたロバート・ヘンライに学ぶ。1913年に行われた「アーモリーショー」を見て衝撃を受け、以後キュビスムを筆頭にヨーロッパのモダニズムを積極的に吸収しながら、色とフォルムが呼応しジャズのようなリズムが感じられるポップで軽快な絵画スタイルに行き着く。文字や数字を画面に取り込んだことで1960年代のポップ・アートの先駆け的な画家と評価されている。

Sister Corita

シスター・コリータ

カトリックの修道女だったラディカルなアーティスト

1. 1960年代の
　　カウンターカルチャー
既存の文化や体制を力強く否
定し、独自の文化を生み出して
いく姿勢を指す。同性愛問題、
フェミニズム、ドラッグの実験、
アメリカン・ドリームへの懐疑な
ど様々な社会問題を合流する
形で発展していった。

ロサンゼルスにある「イマキュレート・ハート・カレッジ（以下IHC）」というカトリック系の大学において、美術を教えていた修道女として知られているのがシスター・コリータです。アーティスト、そして社会活動家としても知られていて、白と黒の修道服を着たままアートの制作を行い、街頭を行進しながらプロテスト活動に参加するなど、まさに1960年代のカウンターカルチャー*1 を象徴するような活動を行っていました。

シスター・コリータは本名をコリータ・ケントと言い、18歳の時に修道女となりました。もともとアートの才能に優れていたようで、1946年からはIHCで美術を教え、そして1964年から1968年までは美術学部長を務めながら社会問題を告発したメッセージ性の強いシルクスクリーンを使った作品を発表するようになります。コリータが引用した言葉は、聖書、広告、ポピュラーソングの歌詞、詩や文学などと幅広く、それと並行して教え子たちと作品を共同制作するなど、そのユニークな活動が当時のメディアの注目を集めました。

2. 32個のキャンベルスープ缶
32枚のカンバスからなり、高さ
約20インチ、幅16インチの個々
のカンバスにはキャンベル・スー
プ・カンパニーのスープ缶の絵が
シルクスクリーンで刷られていた。

コリータが好んで使っていたのがシルクスクリーンだったのですが、シルクスクリーンと聞いてすぐに思い浮かぶのがアンディ・ウォーホルです。そのウォーホルがロサンゼルスのフェラス・ギャラリーで行ったアーティストとしての最初の個展に展示されていた作品が、シルクスクリーンを使って制作された『32個のキャンベルスープ缶』*2 であり、その展示はコリータに強烈なインパクトを与え、自身もまた同じ手法による制作を行うようになっていきます。

コリータがシルクスクリーンを使っていた理由は他にも
あります。それは大衆が手頃な価格の芸術を望んでいた
ことに加え、彼女がストレートでわかりやすい表現方法を
好んでいたからだと言われています。愛と平和のメッセー
ジを掲げたコリータの作品は、1960年代のアンダーグラ
ウンド・カルチャーとポピュラー・カルチャーが入り混じっ
た中で生まれたことは必然だったと思えます。また、神に
仕え道徳的に模範となるべき立場でありつつも、現代アー
ティストとして優れた活動を行っていたことが、高く評価
されていることも納得のいくところです。

シスター・コリータは1918年にアイオワ州フォートドッ
ジで生まれ、1936年にロサンゼルスでローマカトリック教
会に入信したのを機にシスター・メアリー・コリータという
名前を使うようになりました。オーティス・カレッジ・オブ・
アート・アンド・デザインとシュイナード・アート・インスティ
チュートに学び、1941年にはIHCで学士号を取得。さら
に1951年には南カリフォルニア大学美術史の修士号を
取得しました。

IHCにおいて美術学部の学部長となったコリータは、
「グレートメン・シリーズ」と称して、チャールズ&レイ・イー
ムズ、ソール・バス（P.102）、バックミンスター・フラー、アル
フレッド・ヒッチコック、ジョン・ケージ*3 といった当時の
アメリカで最も先進的とされた建築家やデザイナーや映
画監督などを招いて講義を行ったことでも知られていく
ことになりました。現代美術、映画、哲学を網羅したレベ
ルの高い教育が一人の女性により先導されていたことが

3. ジョン・ケージ
アメリカの音楽家、作曲家、詩
人、思想家、キノコ研究家。実
験音楽家として、前衛芸術全
体に影響を与えた。「沈黙」を
含めた様々な素材を作品や演
奏に用いており、代表的な作
品に『4分33秒』がある。

評判となっていき、受講者も増えていったのですが、このことはケージやジョセフ・アルバースが教えていたノース・カロライナにあったブラック・マウンテン・カレッジにおける前衛的な教育プログラムを彷彿とさせます。

　コリータのアート作品に話を戻すと、前述したようにウォーホルの作品に触発された彼女は、文化的、政治的、宗教的な影響を強く受けながら当時の消費文化をテーマにして、大衆に好まれた日用品を作品に取り入れました。その手法は、商品広告を破いたり、折り曲げたりしたものや、聖書の一節や新聞の見出し、ガートルード・スタインやアルバート・カミュによるテキストを引用し、それをシルクスクリーンを使い、大胆でカラフルな作品を続々と生み出していきました。

　コリータの代表作である『どうか爆撃を止めて』は、白と赤の背景に対して大胆な青い文字で核兵器の使用に抗議するという大作でした。『あなたの兄弟を愛して』は、マーティン・ルーサー・キング・ジュニアの写真とともに「王は死んだ。あなたの兄弟を愛せ」という手書きのテキストを重ねて描いた作品であり、また、鮮やかな赤と黄色を使った『すべての中で最もジューシーなトマト』*4 では、聖母マリアと完熟トマトを比較するといったユーモアと毒を含んだものでした。そのようなウィットに富んだ作品を作っていたのも、高尚とされていた芸術に庶民が身近に感じるものを取り入れることで、もっと親近感を抱いてもらえると考えていたからなのでしょう。

4. すべての中で最もジューシーな
　トマト

　『Come Alive! The Spirited Art of
　Sister Corita』(Four Corners Books)

初期の頃はわりとイメージを使った作品が多かったのですが、次第に宗教的な教えを土台にしながら、身の回りにある日常的な視覚言語をベースにしたものを手がけるようになっていきます。タイポグラフィ、広告、ポジティブなスローガンなどから言葉を引用し、カラフルで大胆な書体で表現したコリータの作品は、一見すると意味のないような言葉の羅列に見えるものの、実は必ず常に何かを表現しようとしたアーティストとして揺るぎない彼女のステートメントが反映されていました。

1960年代後半になると、当時のアメリカ社会の政治的不安を反映させるかのように、貧困、人種差別、不正を訴えるような政治的なカラーがより強まっていきます。ねじれた言葉、あるいは反転させた言葉を、人々が認識できるような有名なイメージに重ね合わせることで、当時の革命的精神を反映させていました。そのような作品が、街頭でのデモやマーチをするときに用いられたことを踏まえれば、この頃の作品は「パブリックアート」*5 としても機能していたと言えるかもしれません。

コリータのそのような作品は、社会改善に対して献身的だった彼女の考えと女性解放運動の表明を示したものでしたが、その一方で、彼女の行き過ぎた政治的とも言える社会への関与は司教区*6 の立場からすると異端だと見なされ、次第に非難されるようになっていきました。その結果、コリータは1968年に教師の職を解かれたばかりかシスターでいることも辞めてしまい、ロサンゼルスとは環境がまったく異なるボストンに移り住みました。

5. パブリックアート
美術館やギャラリー以外の広場や道路や公園など公共的な空間に設置される芸術作品。

6. 司教区
ロサンゼルス大司教区はIHMを「共産主義」、コリータの作品を「冒涜的」と非難した。

宗教から離れ新しい街に身を置いたコリータの作品
は、以前のラディカルな政治色は影を潜め内省的になっ
ていったものの、それでも亡くなるまで制作を続けながら
社会的活動にも参加していました。広告から取り入れた
記号やテキストなど、その商業的言語の意味を覆して作
品に取り入れたコリータのアート作品は、当時のデザイン
やグラフィックに刺激を与えたのは間違いなく、IHCの教
え子たちが社会に影響を及ぼすような活動を行っていっ
たことは、何よりも彼女を喜ばせたはずです。

シスター・コリータ　　　　　　　　　　{ 1918-1986　USA }

1936年にイマキュレート・ハート・オブ・メアリーに入信しシスターとなり、同
校の美術科で教鞭を執る。同時にシルクスクリーンを使ってのアート制作を
行い、聖書やポピュラーソングや文学作品からのフレーズを取り入れるなどし
た。しかし、アクティブな社会活動家であったことで役職を解かれ、その後ボ
ストンに移り住み、アート制作も続けていたが、ボストンにてガンにより67歳
で死去。その際、約800点のシルクスクリーン作品と数千の水彩画が残され
ていた。

David Hockney

デビッド・ホックニー

南カリフォルニアの青いプールを描いた画家

ミッドセンチュリーの建築とデザインに関して書いてき
た本書の最後として残しておいたのが、イギリス人の画
家であるデビッド・ホックニーです。サンフランシスコに住
んでいた頃に初めて彼の絵画作品を見たのですが、アク
リル絵の具を使い明るく平面的な描き方が印象的で、
プール付きの白い建物、ヤシの木、シャワーを浴びる人、
リビングでくつろぐ人々のカジュアルな暮らしぶりなどか
ら、ミッドセンチュリーのオーラを濃厚に感じていました。

　ホックニーがロサンゼルスを初めて訪れたのは、1964
年1月のことで、彼がまだ27歳の時でした。大好きだっ
たハリウッド映画の影響も大きかったようですが、それに
加えて、カリフォルニア・モダニズムの象徴でもあったピ
エール・コーニッグ (P.90) が手がけた《ケース・スタディ・
ハウス #21 (ベイリー邸)》の写真を見ていたことで、そ
の豊かなライフスタイルにずっと憧れを抱いていたそうで
す。ロサンゼルスに到着した時のことを回想してホックニ
ーはこんなことを言っています。「この街を好きになるの
は本能的にわかっていた。飛行機の窓から燦々とした
眩しい太陽に照らされた青いプールと家々が見えた時、
今まで経験したことがないほど興奮してしまったんだ」と。

　1963年にニューヨークを訪れ、アンディ・ウォーホル
と出会い、その後ロサンゼルスへと向かったホックニー
は、そのままこの街に住みつくこととなります。すぐにアト
リエを構え、母国イギリスでは決して体験できなかった
燦々とした光のシャワーや、抜けるような濃紺の青空に
浸りながら、それに負けないほど青々としたプールの水と

カジュアルで陽気なライフスタイルを自身の絵のテーマとして描き始めます。中でも彼の代表作の一つとして知られるのが『ビッガー・スプラッシュ（大きな水しぶき）』*1であり、雲一つない青空の下、誰かがプールに飛び込んだ後の水しぶきが中央に描かれているという作品です。

　この絵には、大きなガラス戸のある平屋と2本のヤシの木、前面にフラットな青いプールと黄色の飛び込み板が中央に向かって延び、誰かが勢いよく飛び込んだ直後の瞬間が描かれています。プールにもぐった人物の姿はまったく見えず、家の前には誰も座っていないディレクターズ・チェアがポツンと置かれているだけです。この絵の下準備としてホックニーはプールの写真とともにデッサンを何枚も描き上げ、画面からは無駄なものを削ぎ落としながら、水しぶきが起こったわずか数秒の光景を捉えるために、その水しぶきの表現になんと2週間もかけたのだそうです。

　静寂さをたたえたその不思議な風景画に、ぼくはどこか南カリフォルニアらしさを感じる半面、この絵を描いたホックニーの視点の面白さにも同時に魅了されてしまうのです。なぜなら、もしカリフォルニアに生まれ育ったならば、庭にある平凡なプールを絵の題材にすることなど考えもしなかったはずだからです。つまり、彼等にとってプールはあまりにもごく日常的な光景であり、もし描いたとしてもホックニーのように "水しぶき" を題材にすることなどおそらく思いつかなかったのではないかと思うのです。

1. ビッガー・スプラッシュ
『A Bigger Splash』というタイトルで、コットン・ダックのカンバスにリキテックスで1967年の4月から6月にかけて描かれた。
『Tate Introductions: David Hockney』（Tate）

2. ザ・ビーチ・ボーイズ
カリフォルニア州ホーソーンで
1961年に結成されたウエスト・
コースト・ロックのグループ。初
期はサーフィン・ホットロッドを
中心としたレコードを発表してい
たが、1966年の『ペット・サウン
ズ』から1970年代初頭まではブ
ライアン・ウィルソンが自己の内
面と向き合ったアート志向のア
ルバムを発表していった。

ホックニーがロサンゼルスに住み始めた頃、ザ・ビーチ・ボーイズ*2 が歌った『カリフォルニア・ガールズ』が流行っていたはずで、その歌詞に「ウエスト・コーストは太陽燦々、みんなこんがり小麦色、どの娘もみんなカリフォルニア・ガールだったらよかったのに」とあるのですが、当時のカリフォルニアには彼が求めていた色彩と自由さとモダンな雰囲気があったに違いなく、ラジオから聴こえてくる軽快なポップソングを聴きながら、青く輝くプールや風景や人々を心躍らせながら描いていたのだろうなと想像してしまうのです。

デビッド・ホックニー　　　　　　　　〔 1937- GBR 〕

イギリスのブラッドフォードに生まれ、ロンドン王立美術大学で学ぶ。ピーター・ブレイクらとともにイギリスのポップ・アートムーブメントに貢献した。ロサンゼルスを活動の拠点としていたこともありアメリカでの人気が高く、絵画、版画、写真、デザイン、舞台装飾と様々な分野において制作を行った。同性愛者であることを公言し、同性愛をテーマにした作品も多くある。時代の潮流が抽象画にあった時でも一貫して具象画に取り組み、今では最も影響力のある20世紀のイギリスの画家の一人とみなされている。

AFTERWORD

　戦後の日本において「ジャパニーズ・モダン」を提唱したことで知られるデザイナーの剣持勇が、1952年6月、できたばかりのイームズ・ハウスを訪れ、その時のことを剣持はこう綴っています。「軽やかな家でその室内のすばらしさといったらありません。居間には畳を敷き、5色の座布団が置いてあり、ここに座ると太平洋を広々と見下ろせる。イームズは私の肩をたたき『君の国が見えるよ。ここからあの方向に』とさも嬉しげに語ったのでした」と。イームズの日本びいき、つまり畳や座布団、天井からは提灯がぶら下がった光景を見ながら、周囲が自然に囲まれ鉄骨とガラスからなるグリッド様式の彼らの住宅に、装飾を省いた幾何学的な桂離宮との類似点に思い巡らしたかもしれません。そして、渡米前には想像もしなかったこの驚きに満ちた体験がきっかけとなり、その後剣持は日本独自のモダンなデザインということを提唱していくことになっていくのです。

　日本とイームズの関わりでもう一つ好きな逸話があります。それは画家の猪熊弦一郎が所有していた《ロッキングアームシェルチェア》が日本国内で初めて輸入されたイームズの家具であったということです。イームズと親交が深かったイサム・ノグチが、「日本にいる猪熊と剣持に君たちの新作を送ってもらえないだろうか」と頼んだことを受け、ロサンゼルスのイームズ・オフィスから2脚の椅子が横浜港へと送られてきたというのです。猪熊はその黄色の椅子をかなり気に入っていたようで、自身がニューヨークへ渡った際に持っていき、その後のハワイでの滞在を経由して日本に持ち帰られたことで、日米を行ったり来たりした椅子であったのですが、猪熊がずっと連れ添いながらこの椅子に対してペットのような深い愛着を抱いていたのかもしれません。

　剣持と猪熊の友人であったノグチは、日本の職人芸や伝統素材を自身のデザインに生かすことができないかと模索し、そこから名品《AKARI》が生ま

れたわけですが、その照明器具は伝統様式のコピーではなくあくまでも現代のモダンなプロダクトでした。また、ノグチと同じ日系アメリカ人のジョージ・ナカシマも日本の伝統家具とは異なる、おそらく彼にしかできないやり方で独創的な家具を作り上げました。ノグチとナカシマが生み出したプロダクトは、当時のアメリカ人の目からすれば、それこそ「ジャパニーズ・モダン」であったわけですが、日本の影響が感じられるイームズの合板を使ったスクリーンなども、彼らなりのセンスで和と洋を融合させることで、より新しくモダンなものを作り上げようと目論んでいたように思えるのです。

　欧米のモダニズムの動きを軸に建築とデザインの巨匠に関して書いたのが前書の『芸術家たち 1』だったのですが、今回のこの本にはアメリカにおけるミッドセンチュリーという「時代」に焦点を当て、そこから見えてくる世界観というものを念頭におきながら書きました。ここに登場する建築家やデザイナーたちの多くはヨーロッパからやってきた人々だったのですが、おそらく時代の大きな後押しがあったのか、彼らは一様に同じ方向に向かって突き進んでいたのだなという印象を受けてしまいました。それに加えて、イームズに代表されるように、彼らのデザインや建築にどこか日本の影響が感じられるというのが、この本を書き進むうちに次第に強くなっていったのです。

　では、なぜ日本の要素を当時自分たちの建築やデザインに取り込んでいたのでしょう。第二次世界大戦が終わった後、米軍関係者が日本の伝統文化をお土産として持ち帰った際に、ゲイシャやフジヤマといったステレオタイプな陳腐な要素ではなく、畳や障子や衝立など日本古来の家屋や慣習や風習に目をつけたデザイナーたちがいたことに加え、異国文化に対しても壁をつくらない自由でおおらかな考え方が後押ししていたのではないでしょうか。それによってヨーロッパのモダニズムの影響からとも異なる固有の要素をつくら

れ、それらは日本人の生活様式や文化そのものに関わるような本物志向のものだったと考えられるかもしれません。

　それゆえにカリフォルニアで生まれたデザインや建築が、東海岸で行われていたヨーロッパ的なものとはかなり雰囲気や様式が異なるのもそのような理由があったからだと考えていいのかもしれません。建築家やデザイナーたちは、その土地に根ざしたローカル性や独自性を掘り下げながら、より快適で新しいモダンなデザインを展開するようになっていきました。そのような動きが起こった背景に、技術革新に対する貪欲な取り組みと、何にでも挑戦しようとした彼らの前向きな姿勢があったことで、アメリカ国内だけでなく世界中の人々の想像力を掻き立てるようなプロダクトになっていったと言えそうです。

　1930年代から1960年代のアメリカはまさに技術革新の時代であり、特にミッドセンチュリー期のカリフォルニアは進歩的な建築と家具を生み出す重要な拠点となったことで、海外の建築家やデザイナーたちに影響を与えることになっていきました。例えば、成型合板やプラスチックなどの素材を使った柳宗理の家具やプロダクトにはそのような要素が顕著に見られ、柳はそこからさらに日本人の日常生活に寄り添うような使い勝手のよさを追求したデザインを行いました。デザイン史の中でも最も華々しく革新的だった "グッド・モダン・デザイン" を牽引していたのがミッドセンチュリーモダンであり、そんな輝かしい時代に生み出された創造性豊かなプロダクトが今も愛され続けていることが何よりも嬉しく思えるのです。

2020年8月
河内 タカ

REFERENCE

『Mid-Century Modern Complete』Dominic Bradbury（Thames & Hudson）

『カリフォルニア・デザイン1930-1965 ― モダン・リヴィングの起源 ―』（新建築社）

『Mid-Century in Our Life、BRUTUS 2018年 12/15』（マガジンハウス）

『Herman Miller: A Way of Living』Amy Auscherman, Sam Grawe, Leon Ransmeier（Phaidon Press）

『George Nelson: Architect, Writer, Designer, Teacher』（Vitra Design Museum）

『How to See: Visual Adventures in a World God Never Made』(Little Brown & Co)

『コンパクト・デザイン・ポートフォリオ ジョージ・ネルソン』マイケル・ウェブ（クロニクル・ブックス日本語版）

『Eames Design』John Neuhart, Marilyn Neuhart（Harry N. Abrams）

『Charles & Ray Eames: 1907-1978, 1912-1988: Pioneers of Mid-century Modernism』Gloria Koenig（Taschen）

『Alexander Girard Designs for Herman Miller（A Schiffer Design Book）』Leslie Pina（Schiffer Pub Ltd）

『Alexander Girard』Todd Oldham, Kiera Coffee（AMMO）

『Irving Harper: Works in Paper』Michael Maharam（Skira Rizzoli）

『Knoll Home & Office Furniture』Nancy N. Schiffer（Schiffer Pub Ltd）

『Knoll Furniture: 1938-1960（A Schiffer Design Book）』Steven and Linda Rouland（Schiffer Pub Ltd）

『The Soul of a Tree: A Master Woodworker's Reflections』George Nakashima（Kodansha International）

『木のこころ ― 木匠回想記』ジョージ・ナカシマ（鹿島出版会）

『心を豊かにするデザイン ― 讃岐モダンへのあゆみ ―』（高松市歴史資料館）

『Heath Ceramics: The Complexity of Simplicity』Amos Klausner（Chronicle Books）

『Tile Makes the Room: Good Design from Heath Ceramics』
　　Robin Petravic, Catherine Bailey （Ten Speed Press）

『Georgia O'Keeffe and Her Houses: Ghost Ranch and Abiquiu』
　　Barbara Buhler Lynes, Agapita Judy Lopez（Harry N. Abrams）

『O'Keeffe At Abiquiu』Myron Wood（Harry N. Abrams）

『Georgia O'Keeffe at Home』Alicia Inez Guzman（Frances Lincoln）

『Designing TWA: Eero Saarinen's Airport Terminal in New York』Kornel Ringli（Park Books）

『Eero Saarinen: 1910-1961: A Structural Expressionist』Pierluigi Serraino（Taschen）

『Between Silence and Light: Spirit in the Architecture of Louis I. Kahn』John Lobell（Shambhala）

『Neutra: Complete Works』Barbara Mac Lamprecht, Peter Goessel（Taschen）

『Richard Neutra: 1892-1970: Survival through Design』Barbara Lamprecht（Taschen）

『John Lautner: 1911-1994: Disappearing Space』

　　Barbara-Ann Campbell-Lange, Peter Goessel（Taschen America Llc）

『Palm Springs Modern: Houses in the California Desert』Adele Cygelman（Rizzoli）

『Albert Frey: 1903-1998: a Living Architecture of the Desert』（Taschen）

『Albert Frey Houses 1+2』Jennifer Golub（Princeton Architectural Press）

『Case Study Houses』Julius Shulman, Peter Goessel, Elizabeth A.T. Smith（Taschen）

『Pierre Koenig 1925-2004: Living With Steel』Neil Jackson, Peter Goessel（Taschen）

『Julius Shulman Los Angeles: The Birth of A Modern Metropolis』Sam Lubell, Douglas Woods（Rizzoli）

『Mid-Century Modern Graphic Design』Theo Inglis（BT Batsford Ltd）

『Saul Bass: A Life in Film & Design』Jennifer Bass, Pat Kirkham（Laurence King Publishing）

『Born Modern: The Life and Design of Alvin Lustig』Steven Heller, Elaine Lustig Cohen（Chronicle Books）

『Jazz Covers』Joaquim Paulo, Julius Wiedemann（Taschen）

『Jazz life: A Journey for Jazz Across America in 1960』William Claxton（Taschen）

『Young Chet: The Young Chet Baker Photographed By William Claxton』（Schirmer）

『WEST COAST JAZZ 1950-1961 AN ANTHOLOGY OF CALIFORNIA MODERN JAZZ』（ジャズ批評ブックス）

『Braniff Airways: Flying Colors (Images of Modern America)』Richard Benjamin Cass（Arcadia Publishing）

『Cahiers D'art, No.1, 2015: Calder in France』（Cahiers D'art）

『Stuart Davis: In Full Swing』Barbara Haskell, Harry Cooper（Prestel）

『C is for Corita!』武藤綾, 岡本仁（Landscape Products Co., Ltd）

『Come Alive!: The Spirited Art of Sister Corita』Julie Ault（Four Corners Books）

『David Hockney』Chris Stephens, Andrew Wilson（Tate Publishing）

『David Hockney by David Hockney - My Early Years』（Thames & Hudson）

SPECIAL THANKS

Herman Miller www.hermanmiller.com/ja_jp/ p13, 14, 15, 16, 19, 30, 34, 63,

Knoll Japan www.knolljapan.com/ p24, 25, 29, 30, 31, 61, 62, 112

株式会社桜製作所 www.sakura-pla.net/ p37, 41

有限会社アークトレーディング www.arktrading.jp p48

Landscape Products Co.,Ltd. http://landscape-products.net/index.html p43

NBCユニバーサル・エンターテイメントジャパン www.nbcuni.co.jp p103

ユニバーサル ミュージック www.universal-music.co.jp p104, 124, 126

ソニーミュージック www.sonymusic.co.jp p119

GREAT ARCHITECT & DESIGNER

71
ヒース・セラミックスが『パサデナ美術館』のためにカスタムタイルを制作

73
アレキサンダー・カルダー（128）が外観デザインをしたブラニフ航空の『フライング・カラーズ』が完成

74
アレキサンダー・カルダー（128）がブラニフ航空の『アメリカのフライング・カラーズ』のデザインに着手し1976年に完成

75
スティーブン・スピルバーグ監督の映画『ジョーズ』が公開

71
スタンリー・キューブリック監督の映画『時計じかけのオレンジ』が公開

72
フランシス・フォード・コッポラ監督の映画『ゴッドファーザー』が公開
イーグルスが『イーグルス・ファースト』をリリース

71
ニクソン大統領がドルと金の交換停止を発表、ニクソン・ショックが起こる

72
政治スキャンダルを機に『ウォーター・ゲート事件』が発生

73
アメリカ軍がベトナムから撤退
アラブ石油輸出国機構（OAPEC）の石油戦略により、石油価格が高騰

74
ジェラルド・R・フォードが第38代大統領に就任

75
ベトナム戦争が終戦

※（ ）内の数字：掲載ページ数

建築・家具デザイン

70 ジュリアス・シュルマン(96)が『イームズ邸』にて室内でくつろぐイームズ夫妻を撮影

67 「アルビンソンスタッキングチェア」がAID賞を受賞し、ドン・アルビンソン(32)の名前がデザイナーとして世に知られるようになる
ルイス・カーン(64)が『ソーク研究所』を完成

グラフィック・絵画・写真

67 ウィリアム・クラクストン(122)が最初のファッション・フィルムとして知られる映画『Basic Black』を撮影
シスター・コリータ(136)が代表作『どうか爆撃を止めて』を制作
デビッド・ホックニー(142)が代表作『ビッガー・スプラッシュ(大きな水しぶき)』を描く

68 シスター・コリータ(136)が教師の職を解かれ、シスターであることも辞める

69 シスター・コリータ(136)が『あなたの兄弟を愛して』を制作
ニール・フジタ(118)がマリオ・プーゾの『ゴッドファーザー』の本の装丁を行う

音楽・映画・文学

66 ザ・ビーチ・ボーイズが『ペット・サウンズ』をリリース

67 リチャード・ブローティガンが『アメリカの鱒釣り』を出版
アーサー・ペン監督の映画『俺たちに明日はない』が公開
ルイ・アームストロングが『この素晴らしき世界』をリリース
エルヴィス・プレスリーが『ゴールデン・ヒム』をリリースし、グラミー賞を受賞
マーヴィン・ゲイとタミー・テレルが『Ain't No Mountains High Enough』をリリース

68 スチュアート・ブランドが雑誌『Whole Earth Catalog』を創刊
映画『2001年宇宙の旅』や『猿の惑星』が公開

69 カート・ヴォネガットが『スローターハウス5』を出版
大規模な野外コンサート「ウッドストック・フェスティバル」開催
デニス・ホッパー監督の映画『イージー・ライダー』が公開
ジャクソン5が「I Want You Back」をリリース

政治・歴史

67 ワシントンでベトナム反戦運動のデモが起こる

68 キング牧師が暗殺され、黒人暴動が続発

69 リチャード・ニクソンが第37代大統領に就任
アポロ11号が人類史上初の月面着陸に成功
チャールズ・マンソン率いる「マンソン・ファミリー」が女優のシャロン・テートらを殺害

70 大阪で万国博覧会が開催される

65
エーロ・サーリネン（58）が生前に設計していた『ジェファーソン国立拡張記念碑』が完成
ドン・アルビンソン（32）の『アルビンソン スタッキングチェア』がノル社により発売
アルバート・フレイ（86）が設計した『トラムウェイ・ガソリンスタンド』が完成

64
ドン・アルビンソン（32）がノル社のデザイン・ディレクターへ引き抜かれる
ショージ・ナカシマ（36）が高松市を訪れ讃岐民具連の一員となる
アルバート・フレイ（86）が設計した『自邸（フレイ・ハウス）』が完成

63
ジョン・ロートナー（74）が設計した『ゴールドスタイン・レジデンス』が完成

62
エーロ・サーリネン（58）が設計した『TWAターミナル』が完成

64
シスター・コリータ（136）が『すべての中で最もジューシーなトマト』を制作
デビッド・ホックニー（142）が初めてロサンゼルスを訪問
スチュアート・デイヴィス（132）の『Detail Study for Cliche』が記念切手として発行される

63
デビッド・ホックニー（142）がNYでアンディ・ウォーホルと出会う

62
ドナルド・ジャッドがスチュアート・デイヴィス（132）の個展に関してのレビュー記事をArts Magazineに寄稿

61
ソール・バス（102）が映画『ウエスト・サイド物語』の映画タイトルデザインを手掛ける

63
トマス・ピンチョンが『V.』を出版

62
女優のマリリン・モンローが死去
ボブ・ディランがアルバム『ボブ・ディラン』でデビュー

61
アーネスト・ヘミングウェイが猟銃で自殺
オードリー・ヘップバーン主演の映画『ティファニーで朝食を』が公開
ロバート・ワイズ監督とジェームズ・ロビンズ監督の映画『ウエスト・サイド物語』が公開

65
アメリカの黒人解放運動指導者マルコムXが暗殺される
アメリカ軍が北ベトナム爆撃を開始

64
アメリカで公民権法が制定される
キング牧師がノーベル平和賞を受賞
東京オリンピックが開催される

63
米・英・ソが部分的核実験停止条約に調印
ジョン・F・ケネディ大統領暗殺
人種差別や人種隔離の撤廃を求めるワシントン大行進
リンドン・ジョンソンが第36代大統領に就任

62
キューバ危機が起こる

61
ジョン・F・ケネディが第35代大統領に就任
ドイツでベルリンの壁が作られる
アメリカがキューバと断交、キューバ社会主義宣言
人間衛星船の打ち上げに成功

※（ ）内の数字：掲載ページ数

1960

建築・家具デザイン

- 55 ハンス・ノールが交通事故で死去
- 56 ネルソンマシュマロソファが誕生
- 56 エーロ・サーリネン〈58〉が『ウームチェア』を作成
- 56 エーロ・サーリネン〈58〉に『TWAターミナル』設計の依頼がくる
- 57 アレキサンダー・ジラードとエーロ・サーリネンで手がけた『アーウィン・ミラー邸』が完成
- 58 フローレンス・ノル〈22〉がノル社の社長に就任
- 58 エーロ・サーリネン〈58〉が『チューリップチェア』をデザイン
- 60 ルイス・カーン〈64〉設計のペンシルベニア大学の『リチャーズ医学研究棟』が完成
- 60 ジョン・ロートナー〈74〉が設計した『ケモスフィア』が完成
- 60 ジュリアス・シュルマン〈96〉が『スタール邸』にて二人の女性をモデルにして撮影
- 60 ピエール・コーニッグ〈90〉が設計したケ

グラフィック・絵画・写真

- 55 アルヴィン・ラスティグ〈114〉が40歳という若さで逝去
- 56 ソール・バス〈102〉が映画『黄金の腕』で高度なグラフィックワークを手がける
- 56 ニール・フジタ〈118〉がマイルス・デイヴィスの『ラウンド・アバウト・ミッドナイト』のジャケットデザインを手がける
- 57 ウィリアム・クラクストン〈122〉がチェット・ベイカーの『Chet Baker & Crew』のアルバムなど多数のジャケットを撮影
- 58 ソール・バス〈102〉が映画『めまい』で初のコンピュータグラフィックを手がける
- 58 アレキサンダー・カルダー〈128〉がユネスコ本部ビル前のモビール『渦巻』を撮影
- 59 ニール・フジタ〈118〉がデイブ・ブルーベック・カルテットの『タイム・アウト』とチャールズ・ミンガスの『Mingus Ah Um』のジャケットデザインを手がける

音楽・映画・文学

- 55 ジェームズ・ディーンが交通事故で死去
- 55 リトル・リチャードがスペシャルティ・レコードからデビュー
- 55 ロサンゼルス郊外にディズニーランドが開業
- 56 アレン・ギンズバーグが『吠える』を出版
- 56 フランク・シナトラ主演の映画『黄金の腕』が公開
- 56 マイルス・デイヴィスが『ラウンド・アバウト・ミッドナイト』をリリース
- 57 ジャック・ケルアックが『路上』を出版
- 57 オードリー・ヘップバーン主演の映画『パリの恋人』が公開
- 58 アルフレッド・ヒッチコックによる映画『めまい』が公開
- 59 ウィリアム・S・バロウズが『裸のランチ』を出版
- 59 デイブ・ブルーベック・カルテットが『タイム・アウト』をリリース
- 60 ドキュメンタリー映画『真夏の夜のジャズ』が公開
- 60 サム・クックが『ワンダフル・ワールド』をリリース

政治・歴史

- 55 ベトナム戦争が開戦
- 58 航空宇宙局（NASA）設立
- 58 アメリカが人工衛星の打ち上げに成功
- 59 カストロの指導のもと、キューバ革命が起こる
- 60 日米安全保障条約改定

1950

49
ネルソンホールクロックのデザインが開始される

アレキサンダー・ジラードが企画した『モダンリビングのための展覧会』開催

「ケース・スタディ・ハウス #8（イームズ邸）」が完成

50
MoMAでグッドデザイン展開催

52
ノール社がニューヨークにショールームをオープン

ハリー・ベルトイア（28）の『ダイヤモンド・チェア』がノル社により発売される

53
グレタ・グロスマン（82）が地元の家具メーカーと組み『ウィルシャーグループ』というオリジナルシリーズをリリース

ラッセル・ライト（46）が『レジデンシャル』メラミン製食器のシリーズを手がける

54
スタール夫妻がビバリーヒルズの丘に土地を購入

52
アルヴィン・ラスティグ（114）が『JBLのスピーカー』をデザイン

スチュアート・デイヴィス（132）がアメリカ代表としてヴェニス・ビエンナーレに参加

54
スチュアート・デイヴィス（132）が1952年に続きアメリカ代表としてヴェニス・ビエンナーレに参加

51
J・D・サリンジャーが『ライ麦畑でつかまえて』を出版

ジーン・ケリー主演の映画『巴里のアメリカ人』が公開

52
ジーン・ケリーとスタンリー・ドーネンが監督した映画『雨に唄えば』が公開

53
オードリー・ヘップバーン主演の映画『ローマの休日』が公開

54
チェット・ベイカーが『チェット・ベイカー・シングス』をリリース

アメリカで初のカラーTVが放送される

49
北大西洋条約機構（NATO）が発足

50
米・上院議員・マッカーシーを中心とした「赤狩り」が行われる

アメリカが朝鮮戦争に介入

51
サンフランシスコ平和条約と日米安全保障条約が締結

53
ドワイト・D・アイゼンハワーが第34代大統領に就任

米英仏三巨頭のバーミューダ会談が行われる

54
アメリカの原子力潜水艦ノーチラス号が進水

※（ ）内の数字：掲載ページ数

芸術家たち 2
ミッドセンチュリーの偉人 編

2020年11月4日　初版発行
2023年7月27日　2刷発行

著　　　者　　河内 タカ

イ ラ ス ト　　SANDER STUDIO
デ ザ イ ン　　米山菜津子
編　　　集　　柴田隆寛（Kichi）　長嶋瑞木・朝木康友（オークラ出版）　大場桃果

発 行 所　　株式会社オークラ出版
　　　　　　　〒153-0051 東京都目黒区上目黒 1-18-6 NMビル
　　　　　　　電話：03-3792-2411（営業部）　03-3793-4939（編集部）
　　　　　　　https://oakla.com

発 行 人　　長嶋うつぎ
印刷・製本　　図書印刷株式会社

AKATSUKI
PRESS